# 物流エンジニアリングの温故知新

尾田 寛仁

三恵社

# はじめに

**執筆にあたり**

　少子・高齢化に代表されますが、日本経済は、中長期的には労働力人口が減少し、経済成長の足かせになるといわれています。総務省や国立社会保障・人口問題研究所等が、発表しています資料を見ますと、日本の労働人口は、2014年の6587万人から、2030年には5954万人と1割近い633万人が減ると予想されます。

　物流現場の労働力を見ますと、配送ドライバーが低賃金と相まって、運転免許問題で、ドライバーの求人難と運賃の高騰が起きています。庫内作業員の求人難もあり、パート時給相場が上昇傾向です。この状況や、ロボット技術の進展と、IoT（Internet of Things）等の情報化技術があって、物流作業の自動化が今日、盛んに言われています。

　同じように、1980年代のバブル時代にも労働力問題が取り上げられ、高度成長期の為、従業員の確保が難しくなるといわれていました。こうした時代背景の中で、考えられ行われてきた物流の「基本」問題や、自動化等の技術課題を考えておくことは、物流技術のレビューになるのではないか、そして今後の課題に対する在りようのヒントになるのではないかと思いまして、筆を執ってみました。いわゆる、温故知新です。

　書きました要点は、物流設備自動化拠点の安定稼働、全在庫拠点の集約と、共同配送事業の三つです。

　第1章は、物流設備自動化拠点の稼働後を担当してからのことを書いています。設備自動化の課題を改めて検証してみました。物流設備自動化の典型が、１９９５年１１月に稼働しました堺ロジスティクスセンターです。物流技術室が、長年にわたり自動化技術開発を行い、ケースとバラを対象にした全自動化拠点を完成しております。拠点稼働後に、全自動化物流拠点を安定稼働させるに至った経緯を取り上げています。自動化とは何かを考えてみました。

第2章に取り上げたのが、物流拠点の統廃合です。全在庫物流拠点は、1996年2月に60ヶ所ありました。2005年2月までに21ヶ所にしました。全在庫物流拠点は、39ヶ所の減少ですが、多くの拠点は、配送拠点に転換しています。

　集約効果は、物流費の低減や在庫削減に効果がありました。物流費の固定費構造や変動費の改革になりました。なかでも、リレー費（全在庫物流拠点から配送ターミナルまでの輸送費）、配送ターミナル費（フロントターミナルとスルーターミナルの拠点費）、全在庫の物流拠点の運営経費や、在庫削減に明らかに効果がでました。

　第3章は、小売業を対象とした物流の事業化である「共同配送事業」です。共同配送事業の物流拠点の企画・設計・建設、営業及び運営を行いました。1996年度から2004年度迄に、企画し、運営した顧客は、40企業です。

　メーカーが小売業の物流を行うことに、当初、社外からさまざまな反応がありました。社内では、設備開発にあたり、コスト問題を正面から考えました。設計する時に、何が基本なのかに突き当たりました。

　会社を転じて、卸売業の経営の一翼を担う立場になった時に、改めて、サプライチェーンのありようと、卸売業の顕在的かつ潜在的な能力を考えています。

　第1章から第3章までの資料の出所は、花王株式会社が、公表した資料に基づいています。代表的には、『年表・花王90年のあゆみ』、『花王史100年（1890年-1990年）』や『花王史 年表（1990年-2000年）』です。

　年表には、家庭品物流拠点とともに共同配送事業の物流拠点の運営開始日が書かれています。物流拠点の資料は、社外に配布していましたパンフレットによります。また、マスコミ等や広報活動として社外に発表されたことを資料として取り上げています。それらの資料は、逐次、必要な個所で出所を明記しています。

　第4章と第5章では、仕事を通じて折に触れて感じておりましたことを、取り上げております。第4章は、技術問題であり、第5章は、経営環境と組織問題です。

　なお、どの章も独立しておりますので、どこから読まれても構いません。

物流の問題解決には、これが正しいというのが、あるようでありません。立場を変え、見る視点を変えれば、別の回答もあります。全体を見ることでも、一企業内の全体を見るのか、企業とサプライチェーン全体を見るのかで変わります。今、問題となっていることを見るのかでも変わります。

　例として挙げれば、下図「サプライチェーンの設計範囲」のように、対象とする設計範囲は、レベル1からレベル3まであります。おわかりのように、普段、行われる会社や部門内の検討では、物流設備系統に検討を集中させがちです。見方を変え、部門を超えて考えれば、取引の在り方から考えなおすことができ、全く違うやり方があります。

　詰まるところ、どのような経営観を持つかにあります。「何が基本なのか」を経営観で吟味してみることだと考えています。

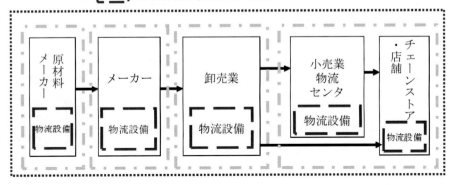

&lt;図　サプライチェーンの設計範囲&gt;

## 物流観

　『老子』の第十一に、「無用」が説かれています。題意に、「世人は形あるものの有用性は良く知っているが、形なきもの、空虚なるものの有用性を認識しているものは少ない。家の屋根・柱・床などは、人を居住せしめる室の空虚な部分を形づくるためのものである。ところが、それに気づいている者は少ない。かく空虚な部分が真に有用であることを説き、これより連想させて、無すなわち道の有用であることを読者に悟らしめようとすることがこの章の趣旨である。無の有用

なるを説くという意味で、「無用」とこの章に題されているのは適切。」(新釈漢文大系『老子荘子上』)

　私達は、とかく「有」の価値に目を奪われがちです。「無」には無の価値があることを忘れています。「有」が有として成り立つには、「無」の働きを必要とします。「無」がなかったら、「有」もないのだと、老子は言っています。

　さて、物流とは何か、を考えてみますと、老子の言っている「無用」にヒントがあるように思います。物流は、商品のように有形の価値そのものではありません。有形の価値物を欲する所、欲する人に届けるという、「器」に例えることができます。
　物流の本質は、「価値の流れ」を作っていくサービスにあると考えています。商品と消費者・ユーザーの交換を成り立たせているのが、物流の価値そのものです。従って、物流は、商品と消費者・ユーザーの間を介して、「情報」と「モノ」と「カネ」の流れを作ることです。

### 感謝
　紙面の都合で、個人名は記していませんが、直接的には１万人を超える多くの方々と仕事をともにやらせていただきました。一緒に仕事をした花王ロジスティクス部門開発グループ、花王システム物流、花王ロジスティクス会社、花王関係部門、中央物産株式会社、更にはマテハンメーカー、情報システムメーカー、建築会社、不動産会社等の皆様に、助けられて今日までやってきています。
　この本の出版にあたりまして、在職中での関係各位のアドバイスに謝意を述べますとともに、花王法務部には内容の確認でお世話になりました。お礼を申し上げます。
　大変多くの関係各位の並々ならぬご尽力とご努力に、心より感謝申し上げます。本当にありがとうございます。

２０１５年１１月２５日<br>尾田　寛仁

# 目次

はじめに・・・・・・・・・・・・・・・・・・・・・・・・・002

第1章　物流設備自動化拠点の安定稼働・・・・・・・・・・・011
　第1節　物流技術開発とその背景・・・・・・・・・・・・・013
　　　　1．物流近代化5ヵ年計画と物流拠点整備（1970年代）
　　　　2．販社の広域化と物流拠点の集約（1984年代）
　　　　3．拠点の再編と共配事業（1996年代）
　　　　4．物流マネジメント（2000年代）
　第2節　全自動化物流拠点・・・・・・・・・・・・・・・・027
　　　　1．堺ロジスティクスセンターの概要
　　　　2．物流設備の技術的な特徴
　　　　3．ケースピッキングの自動化
　　　　4．バラピッキングの自動化／ピッキングロボット
　　　　5．バラピッキング作業自動化開発の背景
　　　　6．バラピッキング自動化設備の開発
　第3節　物流設備自動化の安定稼働の課題・・・・・・・・・045
　　　　1．検証の視点
　　　　2．デジタルピッキング設備化
　　　　3．その他の施策
　第4節　商品・・・・・・・・・・・・・・・・・・・・・・055
　　　　1．物量
　　　　2．用語

第2章　全在庫物流拠点の集約・・・・・・・・・・・・・・・061
　第1節　全在庫物流拠点の変遷・・・・・・・・・・・・・・063
　第2節　経営環境・・・・・・・・・・・・・・・・・・・・067
　第3節　部門方針とその根拠・・・・・・・・・・・・・・・069
　　　　1．部門方針を巡る考え方
　　　　2．物流拠点の整備における在庫削減の意味
　　　　3．ハイクオリティ・ローコストの実現

         4．生産性と物流費
         5．制約条件の理論（TOC）
　第4節　物流拠点再編・・・・・・・・・・・・・・・・・・・093
         1．物流拠点の再編計画案
         2．物流拠点のコンセプト
         3．物流拠点作りの考え方
         4．物流センター作りにおける建物
         5．物流センターの技術開発の方向
　第5節　リスクマネジメント・・・・・・・・・・・・・・・・107
         1．物流センターのリスクには何があるのか
         2．リスクマネジメントの目的
         3．物流の仕組みとリスクマネジメントの課題
         4．物流拠点のトラブル発生状況の調査と評価
         5．リスクマネジメントから見た対策
　第6節　リスクと物流拠点再編・・・・・・・・・・・・・・・115
         1．首都圏・近畿圏のリスク対応拠点の建設
         2．電源対策と自家発電
         3．設備設計の事例
         4．設備の変遷
　第7節　その後の事例・・・・・・・・・・・・・・・・・・・133

第3章　共同配送事業・・・・・・・・・・・・・・・・・・・137
　第1節　物流会社設立・・・・・・・・・・・・・・・・・・・139
         1．物流会社設立
         2．共同配送のスタート
         3．各店納品からセンター納品対応への経緯
         4．センター使用料の性格
　第2節　物流事業戦略・・・・・・・・・・・・・・・・・・・153
         1．事業目的
         2．市場規模
         3．共配物流センターの仕組み
         4．物流設備
         5．事業計画

第3節　営業活動・・・・・・・・・・・・・・・・・・181
　　　　1．営業の特性
　　　　2．営業のステップ
　　　　3．ヒアリング項目
　第4節　共同配送の営業実績・・・・・・・・・・・・・189
　　　　1．共同配送の拠点
　　　　2．営業成績
　第5節　共同配送の戦略とその後・・・・・・・・・・・191
　　　　1．共同配送の戦略評価
　　　　2．築くべき競争優位は何か
　　　　3．サプライチェーンを担うには

第4章　良いエンジニアリングのために・・・・・・・・・199
　第1節　技術所感・・・・・・・・・・・・・・・・・・201
　　　　1．コンコルドの誤り
　　　　2．技術は新たな便益の提供
　　　　3．構想力／ソフト
　　　　4．システム技術
　　　　5．標準化
　第2節　技術開発・・・・・・・・・・・・・・・・・・207
　　　　1．技術開発にあたって～ほどよい不便さ
　　　　2．新しい問いかけができる設計思想
　　　　3．実際に何を自動化しますか
　　　　4．技術者としての心構え
　　　　5．良いエンジニアリング

第5章　物流経営に対する考え方・・・・・・・・・・・・・215
　　第1節　経営環境の認識・・・・・・・・・・・・・・・217
　　　　　　1．1998年
　　　　　　2．1999年
　　　　　　3．2000年
　　　　　　4．2001年
　　　　　　5．2002年
　　　　　　6．2003年
　　　　　　7．2004年
　　第2節　組織への思い・・・・・・・・・・・・・・・・233
　　　　　　1．時代に生きる心構え
　　　　　　2．人は問題に気づいても、なぜ行動しないのか
　　　　　　3．仏陀に学ぶ問題解決
　　　　　　4．組織の知性を高める

参考文献・・・・・・・・・・・・・・・・・・・・・・・249

# 第1章
# 物流設備自動化拠点の安定稼働

# 第 1 章　物流設備自動化拠点の安定稼働

## 第1節　物流技術開発とその背景

### 1．物流近代化5ヵ年計画と物流拠点整備（1970年代）

#### 1）物流近代化5か年計画

　山越完吾氏（故）によれば、花王の物流近代化は、昭和45（1970）年2月に発表された「**物流近代化5ヵ年計画**」が出発点です（『物流革新への挑戦』山越完吾著　昭和57年10月刊）。
　構想としては、工場→販社→チェーンストアまでの一貫輸送を目指しております。その実現の為に、工場内に自動倉庫を建設して、販社までの大型輸送化を図ることでした。
　商品を受け入れる販社では、近代倉庫を建設することが、花王の投資で計画されていました。1971年度を皮切りに20拠点以上を建設する計画でした。同時に、庫内の荷役作業整備を目指しておりました。

（1）五つの目標
　「物流近代化5ヵ年計画」で掲げていましたのは、次の「五つの目標」（原文のまま、以下同じ）です。
①花王と販社（卸売業）の当面の問題と将来の事態を予測して、花王グループのシステム化を実行し、営業活動の基盤を固める。
②パフォーマンス、省力化、コストダウンを実現し、流通生産性を向上して、企業の経営効率に寄与する。
③物流作業者の前近代的な作業環境を改善する。肩荷役、手荷役、時間外労働の日常化等の現状を修正する。
④物流面の公害発生を防止し、また諸法規を遵守し、交通規制の拡大に対処する。
⑤省資源、省エネルギーの国家的な要請に応える。
　（出典：同上 p.117〜118、筆者の注釈：花王は、販社には基本的には出資しておりません。設立当初からしばらくの間、地元の卸売業の社長が、販社社長を兼務されています。その意味では、「花王グループのシステム化」には意気込みが窺えます。）

## 第1章　物流設備自動化拠点の安定稼働

（2）実行方針
　「五つの目標」にそって導き出された「実行方針」として、四つのことを決めております。
①ユニット・ロード・システムへの挑戦
②商取引活動の標準化、輸送の計画化
③販社の近代化支援による、メーカーと卸売業の同時トータルの近代化、末端物流の革新、コンピュータ導入
④物流関連企業の協力と動員

（3）実行課題
　四つの「実行方針」の実現に当たって、より具体的な解決すべき課題の設定が行われました。その主要な「実行課題」は、次の15項目です。
①販社の物流拠点の整備
②T11型パレットへの転換
③包装のモジュール化、荷崩れ防止策
④一貫パレティゼーション、ワンマン輸送
⑤特殊車両（トラック）の共同開発、トラック自重の軽量化、車両の大型化促進
⑥花王グループのパレット・プール・システムの開発とEDP化
⑦結合輸送システムの共同開発
⑧輸送包装材料の簡略化
⑨物流管理・手法のマニュアル化
⑩パレット単位、パレットの面単位の受発注
⑪輸送機関単位による受発注－貨車、コンテナ、トラックなど輸送容器の単位に合わせた数量の受発注
⑫輸送の計画化（受注日の計画化→出荷の平準化・曜日配送・ダイヤグラム配送）
⑬販社のコンピュータ導入支援
⑭販社の特殊車両の開発と導入支援
⑮販社の物流管理、手法のマニュアル化
　15の「実行課題」は、すべて相互に関連しており、一つの課題を解決する為には、他の関連課題を合わせて検討し実行していかなければなりませんでした。

## 第1節　物流技術開発とその背景

## 2）パレット化

　「実行課題」に書かれています**T１１型パレット**に係る項目が、5項目あります（②③④⑧⑩）。1970年は、日本工業技術院が一貫輸送用平パレット（T11型パレット）をJIS規格"Z0601"で標準化した年です。

　同じ時期に、「物流近代化5ヵ年計画」がスタートし、パレットの標準化が、物流の合理化に大きく貢献したといっても、過言ではありません。パレット化により、庫内作業では、1ケース毎の手荷役作業から解放されました。輸配送の積込・積み卸しは、フォーク作業になりました。

　包装では、パッケージのサイズの標準化が始まりました。

　保管では、倉庫でパレットラック（ケースの保管棚）を導入し、また、自動倉庫の建設に発展しました。

　荷役では、フォークリフトによる省力化が図られました。

　輸送では、大型車による工場と物流拠点間の一貫輸送になりました。

　更には、後の時代になりますが、ケース作業の自動化をはかることの基礎になりました。JANやITF等のバーコードがない時代に、ケースに自社独自の6桁のバーコードを印刷して、そのバーコードを自動的に読み取れるようにしています。

　パレットのJIS規格制定後、45年経った今日、**パレット・サイズの選択**に課題があります。物流のグローバル化に伴い、欧米やアジアから入ってくる商品を積んだパレットのサイズの幅は、1,200㍉が主流になりました。

　T１１型パレットを基本に、営々として築き上げてきました物流の仕組み、即ち、自動倉庫を始めパレットラック等の設備体系は、T１１型（1100×1100㍉）を前提に作られています。欧米系のパレットをおいそれとは入出庫できません。幅100㍉差が、埋めがたいものになります。倉庫で入出庫する時に、パレットからパレットへの積替えが起きます。

　鉄道の線路幅が、新橋・横浜間開通当時（1872年10月）の狭軌（1067㍉）から、92年経って開通（1964年10月）した「新幹線」が標準軌（1435㍉）になったことを思い起こさせます。因みに、標準軌は、全世界の鉄道の約6割で使われています。

　グローバル化の中でビジネスを拡大していくには、インフラに係る分野は、**グローバル・スタンダード**が求められます。少なくとも、**デファクトスタンダード**

にしていかないと、グローバルに商売をしようとすると勝負になりません。通信のプロトコルやデータフォーマット、あるいはＥＤＩ（Electric Data Interchange）でも、欧米との取り組み方の違いに、同様の問題に行き当たります。

　インフラに係ることを、産業界や国内で共通にしようとすることが、欧米に比して、なぜ日本では難しいのだろうか、あるいは企業同士では取り組めないのでしょうか。個別企業毎に対応していく限りでは、何よりも対象範囲が狭くなりますし、固定費を押し上げていくことになります。また、開発のスピードが鈍ります。

　先立の課題となったことを論うことが、本項の趣旨ではありません。過去の意思決定と行動を振り返りながら、今を生きるものが、未来をどのようにすればよいかを考えるために、歴史から何を学ぶかに意図があります。「温故知新」です。

### 3）販社の設立と集約

　販社は、1963年と1966年に設立し始めていますが、会社数がどのように変化したかは、次の通りです。
　　1969年1月1日　　128社
　　1970年6月1日　　120社　　（物流近代化5ヶ年計画のスタート年）
　　1978年5月1日　　 84社

　1970年代は、販社設立に伴い、全国に物流センターを建設することが、始まります。花王が建設した物流センターのことをＤＣ（distribution center）と、呼んでいました。花王単独で建設した物流センターは21ヶ所に上ります。
　投資額は180億円に及んだと聞いています。当時、多額の工場建設・増設資金を必要としており、物流計画への多額の投資は容易ではなかったはずですが、経営トップの流通への大きな期待が込められていたものと思います。
　販社によっては、本販社間の制度を活用して、独自に拠点建設整備を行う会社もありました。
　1972年4月に、販社（神奈川花王）に初の「ミニコンピュータ（機種名メルコム83）」が導入されています。コンピュータを中心に仕事の合理化が図られることになりました。1975年にはコンピュータ導入販社は51社になりました。

ミニコンピュータの導入は、単に業務のシステム化を図ったことだけに意義があるのではありません。1972年に、日本電信電話公社（現ＮＴＴ）が、**公衆通信回線網を開放**しています。公衆通信回線網を使って、本社・工場・販社の３者間が、オンラインで繋がったことにも、意義があります。これによって、日々の販売実績や生産実績が、オンラインでデータ交換が行われるようになりました。

コンピュータ化と通信のオンライン化は、物流においても新しい動きを興しました。

1974年５月に、東京４DC販社（東京の東部・西部・南部・北部）は、「**オンライン・サプライ・システム**」を先駆けて、開始しています。当システムは、1975年４月に、「**ロジスティクス・システム開発３ヶ年計画**」（略称ＬＩＳ：Logistics Information System）として、発表されています。

この計画は、コンピュータによって、販売計画、生産計画、原材料調達計画、物流計画、マーケティング計画の立案と決定をサポートし、経営全体の管理を戦略的に推進しようとするものです。

計画の特長は、販社から注文を取るのではなく、オーダーをコンピュータで作りだす「販社への供給方式（**オンライン・サプライ**）」にありました。この結果、販社は、在庫を棚卸資産として抱えることがなくなりました。両社の受発注に係る組織と人員が、大幅に縮小されることになりました。

「ロジスティクス・システム」の機能は、次の３つです。
・オンライン・サプライ・システム（略して**ＯＳ**と呼びます）
・生産数量管理システム
・マーケティング戦略デシジョンサポートシステム

こうした機能によって、販社が商品を販売した時点で、販社及び花王が同時に仕入と売上を計上しました。また、販社の販売予定数量に基づいて、必要な供給量を算出し、工場から自動的に商品を販社の物流拠点に輸送しておりました。

## 4）物流拠点整備

　物流技術は、突然に、革新されるわけではありません。時代の背景や経営の方針と関わります。一方、技術の宿命として、技術開発には一歩一歩の積み重ねがあります。また、投資に対する考え方や市場との競争で変わっていきます。
　1971年から2004年までを、4つの時代に分けております。時代の背景と、ねらいとしていたことや、物流技術開発や、実際に建設された物流拠点を中心に、年代別に俯瞰しておきます。
　「物流近代化5ヵ年計画」に基づきました1971年代の物流拠点整備を記しておきます。
（1）背景
　　販社設立に伴う物流単独拠点の整備の時代です。
（2）ねらいと技術開発
　①物流拠点は、整備促進を図り、販社の近代化倉庫として、DC（distribution center）と名付けられました。
　　　　・自動倉庫の建設
　　　　・バラのデジタルピッキング摘み取り技術の開発
　②工場と販社間をT11パレットによる一貫パレティゼーションの構築が行われています。
　③保管用のパレットラックの導入と、フォーク作業が促進されました。
　④「ロジスティクス・システム開発3ヶ年計画」により、販売・物流・情報が一体運営となっています。
（3）物流拠点の建設

<表1-1①. 物流拠点一覧>

| 物流拠点と開設年順 | | |
|---|---|---|
| 港北DC　（71/1） | 旧広島　（73/3 自動倉庫） | 石川（81/4） |
| 東京北部（71/5） | 東京多摩（73/6） | 稲沢（81/11） |
| 大阪南部（71/7） | 大阪北部（73/10） | 松山（82/4 バラ回転棚） |
| 東京南部（71/10） | 京都　（75/5） | 西宮（82/10） |
| 東京西部（71/11） | 札幌　（75/6） | 交野（83/7） |
| 東京東部（72/1） | 戸田　（80/1） | 豊橋（83/10） |
| 名古屋　（72/11） | 松戸　（80/4） | |
| | 郡山　（80/7） | |

## 2．販社の広域化と物流拠点の集約（1984年代）

### 1）販社の広域化

1983年以降、販社は**広域販社**として、次第に統合されることになりました。東京花王が、その奔りです。

  1983年 広域販社発足（東京花王）64社（販社数、以下同じ）
  1986年 新販社システム導入  46社
      （ミニコンピュータからホストコンピュータに変わりました）
  1989年 販社TCR開始    22社
      （TCR: total cost reduction）
      （販社と小売店間が新取引制度になり、それは物流改革に繋がる
       内容が主でした）
  1995年 中国花王合併    10社
      （広域販社が、10社にまとまりました）

販社の広域化に対応して、1984年には、物流拠点の集約が始まりました。

この計画は、1983年夏にまとめられた「全国物流センター構想」です。物流拠点の集約化を進めようとするものです。販社の営業エリアに対応した物流拠点から、販社営業エリアを超えた広域エリア担当の物流拠点作りです。

「**広域物流センター**（ロジスティクスセンター、Logistics Center、**LC**と略します）」と称します。

販売部門と物流部門が同じ物流拠点（DC）に同居し、言葉通りの「商物一体」であったことから、商流と物流を分離した「商物分離」になりました。

**商物一体**は、売上伝票＝売上＝出荷になります。
**商物分離**は、受注 ⟶ 売上伝票→商流
        ↘
     出荷依頼→出荷指示→物流

商物分離は、上図のフローのように、受注と出荷依頼が分離されますので、あらゆる物流形態即ち、売上を伴う物流と、配送のみの物流のいずれにも対応できるようになります。

これによって、物流は広範囲のエリアを担当することができ、物流合理化がさらに拍車がかかることになりました。

## 2）物流における自動化技術の開発

### （1）背景

物流拠点が集約化されましたので、建設された物流拠点は大型化しました。

店舗への配送を巡って、二つの方式がとられました。物流拠点担当エリアの販売先にすべて直接配送していく**完結型**と、**分散型**の二つです。

分散型は、全在庫の物流拠点とともに、配送拠点（フロントターミナルとスルーターミナル）を配置しています。フロントターミナル（配送拠点）には、売上の主要な商品を在庫しておきます。フロントターミナルでは、主要商品を客先別にピッキングしておき、全在庫の物流拠点で客先毎にピッキングした商品と、一緒に配送するということを行っております（図1-1）。

<図1-1. 広域物流センターでの工場・物流センター・小売業の物流フロー>

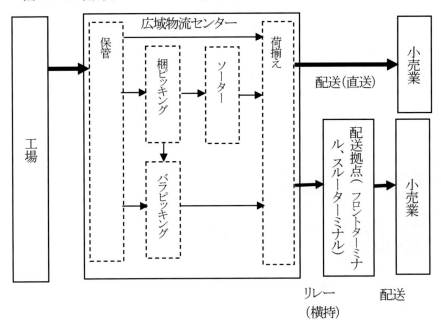

### （2）ねらいと技術開発

①物流拠点の集約が行われました。
②自動ピッキング技術開発による省力化が行われました。

第1節　物流技術開発とその背景

　　A. ケースの自動ピッキング
　　B. 店別仕分ソーター
　　C. バラの自動ピッキング
　ケース単位ピッキングは、自動化技術で推し進めました。
　泉北物流センター (DC) で、1984年4月に、**ケース自動ピッキング**を最初に完成し、稼働しています。
　川崎LC (KLC, 1986/6)、岩槻LC (ILC, 1987/10)、坂出LC (1994/5)、堺LC (1995/12) まで続きます。堺LCは、バラピッキングの自動化も目指した全自動化の典型的な物流拠点です。
　KLCやILCは、物流センターの建屋が、大型化したことにとどまりません。出荷の仕組みは、作業単位に4領域に亘り、システムが綿密に組まれることになりました。
　　A. ケース単位のピッキング
　　B. バラピッキングシステム
　　C. 店別仕分・荷揃えシステム
　　D. コンピュータシステム

(3) 物流拠点

<表1-1②. 物流拠点一覧>

| 物流拠点と開設年順 | | |
|---|---|---|
| 泉北 (84/4 自動ピッキング) | 熊本　　(88/4) | 坂出　　　(94/5) |
| 福岡 (85/10) | 酒田　　(89/1) | 多摩・改 (94/8) |
| 川崎 (86/6 KLC広域物流センター) | 新門司　(90/4) | 交野・改 (95/5) |
| | 広島・改 (90/11) | 堺LC　(95/12 広域LC開始) |
| 広島 (86/10) | 金沢・改 (91/4) | |
| 岩槻 (87/10 ILC) | 堺1期 (92/4 工場物流開始) | 京都・改 (96/2) |
| | 松山・改 (93/3) | |
| | 鹿児島　(93/11) | |
| | 稲沢・改 (94/2) | |

　設備自動化については、第2節「全自動化物流拠点」以降で、詳説します。

第1章　物流設備自動化拠点の安定稼働

## 3．拠点の再編と共配事業（1996年代）

### 1）設備投資の見直しと共配事業化

　1996年代は、自動化設備の安定稼働を目指すことと、物流投資の考え方で、自動化方式に対する揺らぎの時代でした。
　物流投資計画が、1997年年初から夏にかけて審議されています。
　検討したことは、次の通りです。
　・拠点の再編として、首都圏の出荷能力強化と地方の集約による合理化
　・共配事業の推進に関する3ヶ年計画
　計画承認された拠点の例としては、1998年に稼働した**仙台物流センター**と**沼南物流センター**や、1999年に稼働しました**石狩物流センター**等です。
　考え方としては、「**デマンドチェーン**」として、消費者の需要に応じた物流を目指し、物流センターと物流のしくみを作ることでした。

### 2）物流技術開発

（1）背景
　　物流投資の見直しを考えた時代です。
　　物流拠点の設計を全自動化から半自動化に舵を切りました。
　　小売業の共同配送の事業化を図りました。
（2）ねらいと技術開発
　①物流投資額と運営費の低廉化を図りました。
　②物流拠点の集約をさらに進めました。
　③自社物流機能と共配機能の設備共用化を図る設計と拠点作りをしました。
　④物流品質保証を、技術的に保証をすること進めました。
（3）物流拠点

<表1-1③．物流拠点一覧>

| 物流拠点と開設年順 ||
|---|---|
| 新豊橋　（96/11） | 仙台　（98/8） |
| 西宮・改（97/2） | 沼南　（98/9） |
| 加古川　（97/6） | 石狩　（99/4） |
| 更埴　　（97/12） | |

## 4．物流マネジメント（2000年代）

### 1）物流マネジメントとリスクマネジメント

2000年代は、花王及び販社で1992年に設立しました**ロジスティクス会社**を、8社から1社に統合しています。
物流の改革を、**物流をマネジメント**することと、システム技術や物流品質を向上させる仕組みを、全国展開することに中心をおきました。
今でいうＩｏＴ（internet of Things、モノのインターネット化）ですが、物流現場の設備制御データや人が行った作業データをすべてリアルタイムで収集し、計画と照合しながら、マネジメントする仕組みにしています。

新たな視点として、**リスクマネジメント**の検討をしています。
**八王子**と**尼崎**で作りました物流センターは、リスクを想定して、自動倉庫なし、搬送用のコンベアなしの物流センターを実現しています。
八王子センターは、首都圏を攻めるには好立地なのですが、一方で、富士山が見えます。富士山頂までの直線距離は70kmです。天災を考えると、リスク対応と言いながら、富士山に比較的近いところに建設したことが、気になっています。但し、岩槻ＬＣでは、同じく100kmですので、万が一の時は、被災の程度は同じことかもしれません。

### 2）全在庫拠点を２１箇所に集約

（1）背景
　運営の質向上を考えてロジスティクス会社統合を図り、物流マネジメントの質的な向上を進めました。
（2）ねらいと技術開発
①物流マネジメントと、マネジメントのシステム化を図っています。
　・物量予測による作業計画と配送計画を策定します。
　・無線ハンディターミナル（HT）によって、作業マネジメントをリアルタイムに更新していくシステム化を図り、全国展開を図りました。
　・庫内作業から納品までの一貫した品質保証の強化を図りました。
　・共同配送事業との物流技術共用を進めました。

第1章　物流設備自動化拠点の安定稼働

②納品品質の向上を目指して、全国展開を図りました。
　　・バラのデジタルピッキング設備に、計量検品システムを追加しました。そのやり方を全国展開しました。
　　・配送積込・積み卸しの品質向上を図りました。
③WMS（warehouse management system）統一版の完成をしています。
④リスクマネジメント
　　・リスクを想定した物流センター作りが課題になりました。

（3）物流拠点

<表1-1④. 物流拠点一覧>

| 物流拠点と開設年順 | | |
|---|---|---|
| 北九州　（00/10） | 八王子　（03/3） | 石狩　　（03/11 自動倉庫追加） |
| 新金沢　（02/3） | 尼崎　　（03/5） | 岩槻LC（04/2 リニューアル完了） |
| | 米子東　（03/6） | 豊橋　　（04/5 リニューアル完了） |
| | 新潟　　（03/9） | 堺LC・川崎LC |
| | 青森　　（03/10） | 　　　　（04/10 リニューアル完了） |

　余談になりますが、1971年より2004年までの展開では、他社も含めて、関東圏の物流拠点の設置場所をみますと、
　1970年以降は、花王は、東京都の区内に物流センターを建設しています。東京東部／江戸川区、東京西部／杉並区、東京南部／世田谷区、東京北部／足立区です。いずれも、今では土地代が高くて、物流拠点としては、投資しづらい場所です。
　1986年以降は、国道16号線沿いになります。川崎LC、岩槻LC、沼南センター、八王子センターの4か所です。
　2005年以降は、他社物流センターの建設位置を見ますと、圏央道沿いに建設されています。
　時代とともに、道路網が整備されて、物流センターは都心から離れていきますが、企業の取引高の拡大とともに、物流センターの規模が大型化しています。

第1節　物流技術開発とその背景

<表1-2. 物流拠点一覧>

| 年代 | 物流拠点（DC、LC、センター） |
|---|---|
| 1970年代 | 札幌、<br>郡山、<br>東京北部、東京南部、東京西部、東京東部、東京多摩、<br>港北、松戸、戸田<br>名古屋、稲沢、豊橋、石川（金沢）、<br>大阪南部、大阪北部、交野、京都、西宮、<br>旧広島、<br>松山、 |
| 1984年代 | 酒田、<br>川崎、岩槻、多摩・改、<br>稲沢・改、金沢・改、<br>泉北、堺（工場物流）、堺（広域LC）、交野・改、京都・改<br>広島、広島・改、<br>坂出、松山・改、<br>新門司、福岡、熊本、鹿児島、 |
| 1996年代 | 石狩、<br>仙台、<br>沼南、更埴、<br>新豊橋、<br>西宮・改、加古川、 |
| 2000年代 | 石狩（設備追加）、<br>青森、<br>八王子、新潟、岩槻（リニューアル）、川崎（リニューアル）<br>新金沢、豊橋（リニューアル）、<br>尼崎、堺(リニューアル)、<br>米子東、<br>北九州、 |

注．当表は、表1-1①〜④をまとめて年代別地方別に記載しています。但し、花王が投資した拠点のみで、販社が建設した建屋は記載していません。

# 第1章　物流設備自動化拠点の安定稼働

## 第2節　全自動化物流拠点

### 1．堺ロジスティクスセンターの概要

① ロジスティクスセンターの位置
　堺ロジスティクスセンターは、大阪府堺市の大阪湾岸エリアに建設されています。大規模な広域ロジスティクスセンター（広域ＬＣ）です。堺ＬＣと略します。

② 拠点集約
　近畿圏１２拠点の中核になる物流センターになる計画でした。
　1995年当時、単独拠点としては、交野、京都、西宮、彦根、福知山の５ヶ所、配送ターミナル（フロントターミナルとスルーターミナル）としては、奈良、明石、姫路、大津、和歌山、田辺の６ヶ所がありました。

③ 対象の配送エリア
　堺LCが対象とするエリア15,000店の販売店への直接配送や、エリア内の単独拠点（全在庫拠点）や、配送ターミナル（フロントターミナルとスルーターミナル）へ商品の補給を行っています。

④ 出荷量
　１日に約５万口を出荷する予定でした。

⑤ 建物
　建築は、４階建てです。
　　敷地面積：36,782 ㎡（11,146 坪）
　　建築面積：14,722 ㎡（4,461 坪）
　　延床面積：26,709 ㎡（8,093 坪）

　社外発表しています「堺ロジスティクスセンターご案内」のパンフレットに基づいて、概要を記載しています。

## 2．物流設備の技術的な特徴

　物流センターとして、設備の自動化を進めていましたので、設備を動かすための制御系システムの開発には力を入れておりました。物流センターを開発・建設してきた経験から、堺ＬＣでは、「自立分散型」の制御システムを、新たに導入しております。

### 1）自律分散型制御システム

　商品の入庫から、店別のピッキング、荷造り、出荷までの、すべてのプロセスを、コンピュータで管理しています。
　販社コンピュータは、受注オーダーの受信等を担当しています。
　物流コンピュータは、配送先と配送順路までを処理して、それに基づき庫内の出庫作業処理及び出庫指示を出しています。
　LANマスターは、自動化設備に関して、出庫指示や、各制御（入出庫CPU、クレーンCPU、ケース出荷CPU、ＰＣラインCPU等）に対する指示を出しています。

　堺LCの制御システムは、機能単位に3つに完全に独立しています。
　　・パレット入出庫（自動倉庫）：パレット入出庫制御、クレーン制御
　　・ケースピッキング：ケース自動ピッキング制御、仕分荷揃え制御、
　　　　　　　　　　　パレット積ステーション
　　・バラピッキング：ＰＣカット制御、バラ補充制御、バラピッキング制御、
　　　　　　　　　　オリコン搬送荷集め制御
　3つのシステムは、分散しているとともに、自律して動きます。
　これによって、リアルタイムでの正確な在庫管理や、トラブルへの迅速な対応ができるように考えられていました（次頁）。

第2節　全自動化物流拠点

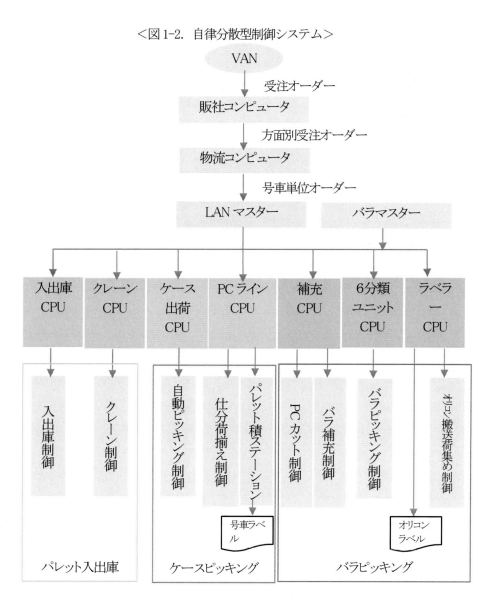

&lt;図1-2. 自律分散型制御システム&gt;

第 1 章　物流設備自動化拠点の安定稼働

## 2）設備概要

　堺 LC では、パレットやケース入出荷の自動化設備とともに、バラ出荷に、物流技術室が独自に開発したピッキングロボットを導入しました。小口の出荷量増加に伴い、人手に頼っていましたバラピッキングを改革しようとするものです。

　主要アイテム（大きい、重い、売れ筋）は、カートン（箱型）商品と、ボトル商品とに分けて、バラピッキング自動設備で作業を行うようにしました。

　配送車別・配送逆順にオリコンを段積みする設備や、ユニットローダーによって配送車に積込ができる設備を導入しています。ユニットローダーは、積込時にかかる人手の負担をできるだけ軽減し、出荷作業の効率化を図っていました。

　パレット入庫から商品出荷するまでのフローは、下図の通りです。

<図1-3. 物流フロー>

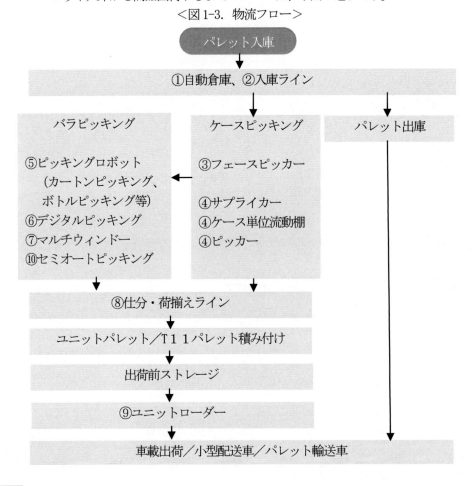

第2節　全自動化物流拠点

物流フロー（前頁）にしたがって、設備の機能を概説しておきます。写真は、34～35頁を参照ください（出所：堺ＬＣのパンフレット）。

① **自動倉庫**

自動倉庫の高さは、30メートルの高層ラックです。

ケース収容能力は、80万ケースです。

スタッカークレーンは、12台です。

機能としては、1階部で入庫・出庫ラインのサービス、2階から4階のピッキング設備へのサービスを行っています。

② **入庫ライン**

入庫ラインは、工場から大型車で届けられた商品を、自動倉庫に入庫します。コンピュータが、品名（自社独自6桁バーコード）と、数量をチェックします。パレットに積まれている商品の荷崩れ防止の為に、パレット毎に荷を整えています。

③ **フェースピッカー**

　自動倉庫から出庫されたパレット積の商品を、面単位（パレット積みの1層分）で取り出す装置です。

ケース単位流動棚（別称：CFRケースフローラック）に、自動的に補充したり、面単位の数量を出庫したりします。

④ **サプライカー、ケース単位流動棚**（CFR）**とピッカー**

　ケース単位流動棚（ＣＦＲ）は、ケース単位ピッキングの為に、商品をケース単位に在庫しておく場所です。

商品の供給は、フェースピッカーで面単位に切り出された商品を、「サプライカー」が、ＣＦＲに自動的に補充します。

ケースが必要な時に、ＣＦＲの間口から「ピッカー」が自動的に1ケースずつ取り出します。

⑤ バラピッキングの自動化「**ピッキングロボット**」

　ピッキングロボットは、主要なアイテムのバラピッキングを自動的に行います。「**カートン（箱型）ピッキングライン**」と「**ボトルピッキングライン**」に分かれています。

コンピュータからピッキング情報が送られると、それぞれの商品が受注数にしたがって取り出され、同時に検品を行います。

コンベアに乗った商品は、店別にひとまとめになって、オリコンに収納されます。

カートンタイプの商品とボトルタイプの商品の取り出し方は、次のようになっています。

カートンタイプの商品は、重く大きい商品から順にピッキングし、収納の際に小さく軽い商品が上になります。

ボトルタイプの商品は、取り出しの時に方向を揃え、それぞれの商品が一定方向のままでオリコンに収まります。

⑥ **バラのデジタルピッキング**

　　自動化の対象になっていないバラの商品は、デジタルピッキング設備でピッキングします。作業者は、店別にデジタル表示された個数だけ、商品を棚から搬送容器（オリコン、空き箱）に先取りした後、配送用オリコンに移します。

　　また、1車分のピッキングが完了する毎に、在庫検品（欠け山方式）を行うことによって、ピッキングミスに速やかに対応します。

　　「**欠け山方式**」とは、バラ設備の各間口に置かれている最前列のケースに入っているバラ在庫数（現物在庫）を数えて、コンピュータ在庫（帳簿在庫）と照合することを言います。この在庫チェックをバッチ毎に作業開始前と、作業終了後に行うことによって、簡易棚卸を行っています。差異があれば、差異があったアイテムを投入したオリコンがわかっていますので、そのオリコンを探して、投入した数を実際に数え直します。欠け山追跡の実施によって、作業上の品質は、向上しています。

⑦ **バラのマルチウィンドー**

　　サイズの特に小さい商品が、収納された専用棚です。

個数がデジタル表示されると同時に、扉が開き、受注と異なる商品を取り出すことがないように、工夫されています。

⑧ **仕分・荷揃えライン**

　　ピッキングされたケースやオリコンが、コンピュータの指示により、自動的に配送車別・配送逆順に仕分・荷揃えされます。

荷揃えされた商品は、口数検品を行いながら、専用パレットに積み込みます。

⑨ **ユニットローダー**

　　配送車毎に積み付けたパレットは、荷崩れしないように輸送梱包を行い、ユニットローダーで配送車に商品のみを積載します。

⑩ **セミオートピッキングシステム**

　　バラピッキング用にセミオートの設備が、別途に2系統開発され、設置さ

れていました。仕切り不可品対応のProboSロボットと、袋商品対応のProboVロボットの二つです。

## 3．ケースピッキングの自動化

### 1）ケースピッキングの自動化フロー

　ケースピッキングの自動化フローを示しておきます。ケースピッキング自動化設備は、1984年4月に泉北物流センターで初めて稼働しました。以降、1986年6月川崎LC、1987年10月岩槻LC等で稼働し、実証されてきました。

＜図1-4．ケースピッキング自動化モデル図＞

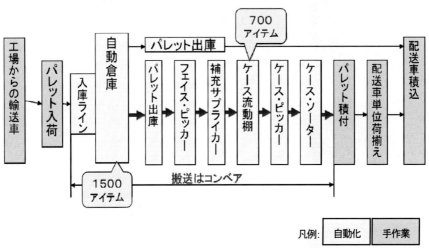

＜図1-5．ケースピッキング自動化設備の例＞

② 　自動倉庫／入出庫ライン（写真は、堺ＬＣのパンフレット掲載によります）

▲入出庫ライン

第 2 節　全自動化物流拠点

① 自動倉庫／スタッカークレーン：パレット単位で入出庫する装置

▲自動倉庫／スタッカークレーン

③ フェースピッカー：パレット積の 1 面 1 層分を切り出す装置

▲フェースピッカー

④ ケース流動棚とケース・ピッカー：ケースを 1 ケース単位で切り出す装置

▲ケース単位流動棚

第1章　物流設備自動化拠点の安定稼働

## 2）ケース自動化設備の制約事項

① 自動化できない商品は、人手による作業（例：ハンディターミナル等）になります。自動化の前提ですが、商品荷姿等の多様性理解が不可欠です。商品荷姿の標準化なくして、自動化はありません。

　非自動化（人手作業）アイテムは、１５００アイテム中、８００アイテムありました。例としては、次のような商品があります。

- 標準サイズ以外の商品（自動化設備に対して容積が大きいか、小さい商品です）
- ロット管理品
- 危険物品（消防法により危険物倉庫保管）

② 設備能力の制約により、バッチ毎の作業物量が決まっています。例えば、ケースソーターの荷揃え量という設備能力が、1回に作業します1バッチ物量の制約条件になります。

③ バッチ切り替え時に、ロス時間が発生します。

④ 設備スペース（例：コンベア、ソータ）が、固定化され、建物賃料負担額が大きくなります。

⑤ 設備能力の最大値をどのように設定するとよいのかが問われます（物量の日別波動のイメージは、図1-6参照）。設備能力は、物量ピーク対応が条件になり、設備投資が大きくなります。

<図1-6. 物量日別波動の例>

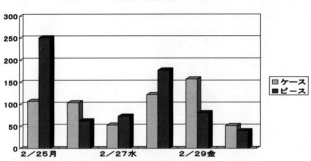

## 4．バラピッキングの自動化／ピッキングロボット

　ピッキングロボットのプロセスフローの概略を示しておきます。下図は、坂出LCのバラピッキングのプロセスフローです。1994年5月に稼働しました坂出LCで、ボトルタイプの商品をピッキングするロボット（ProboB）と、カートンタイプの商品をピッキングするロボット（ProboC）が開発され、プロトタイプとして、設置され、運用されていました。
　システム計画・基本設計・発明は、物流技術室が行っており、システム設備製作は、マテハンメーカー2社に依頼していました。申請された特許は47件に上り、自動小口ピッキング関係で39件、デジタルピッキング関係で8件です（「坂出LCのパンフレット」参照）。

<図1-7．バラピッキングのプロセスフロー>

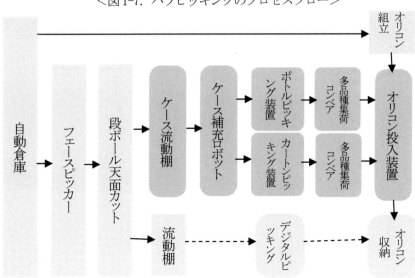

注1．ボトルピッキング装置は、ボトルタイプの商品をピッキングするロボット（ProboB）です。
注2．カートンピッキング装置は、カートン（箱型）タイプの商品をピッキングするロボット（ProboC）です。
注3．図1-7の出所「坂出ロジスティクスセンター」パンフレット、一部改訂

第 1 章　物流設備自動化拠点の安定稼働

　堺 LC では、バラピッキング自動化レベルを上げています。
　まず、ボトルタイプの商品をピッキングするロボット（Probo B）や、カートンタイプの商品をピッキングするロボット（Probo C）のアイテム数を増やしています。
　また、セミオートのバラピッキング設備を 2 系統開発導入しています。Probo V（袋商品対応ロボット）と、Probo S（仕切り不可品対応ロボット）です。

## 5．バラピッキング自動化開発の背景

① 経営トップの意向

　バラピッキング自動化設備をなぜ開発したのかといえば、丸田氏（元社長・会長、故）が、バラピッキングの自動化を開発指示したことにあります。丸田氏が、物流センター視察時に発せられた「ご婦人方にあのようなバラピッキングをさせてはいけない」に呼応しています。「あのようなバラピッキング」とは、デジタルピッキングラインで作業されていた光景のことを指します。

　　開発プロジェクトは、1986年に物流技術室で始まりました。KLCが、稼働した年にあたります。

② 時代背景と経営環境「労働環境が大きく変化」

　開発しました時代（1986年〜1995年）は、日本経済が高度成長期であり、作業者確保の困難性が言われた時代でした。

　しかしながら、バラピッキングの自動化設備を廃棄することを決断した2004年は、日本経済が低成長期になり、従業員の確保は、深刻にはなりませんでした。

③ 商品の絞り込み

　設備開発にかかった1986年は、商品は500アイテムで、絞り込みと規格化の時代でした。

　1995年には、1500アイテムに拡大しております。その為に、非自動化品が拡大しましたので、商品保管とその間口を設けるために、倉庫内の空きスペースに分散して配置せざるを得なくなっていました。

　物流の自動化は、商品単品の切り出し方や取り出し方の技術の都合から、**商品の形状を標準化**することを前提とします（もちろん万能の自動化技術が考えられれば、それに越したことはありません）。

　一方、商品そのものの研究開発と市場への発売は、商品の多様な形状を当たり前としています。会社として、商品形状の一貫性を担保しないと、物流部門だけでは、商品の標準化進められません。

④ 顧客のニーズの変化

　小売業への納入方法が、各店納品から小売業のセンター納品に変わっていきました。出荷する側の物流センターの仕分技術に大きな変化をもたらしました。

　一つが、店単位の分類から、店別部門別（カテゴリー別）の分類です。これによって、仕分数は飛躍的に増えました。例えば、100店舗の小売業で、店舗当たり5つの部門別分類をしますと、従来、店別に100仕分で済んでいたものが、500仕分（100店舗×5部門別分類）になります。

　二つ目は、店別仕分納品から、総量納品に変わった小売業があります。この仕分では、ケース数が増え、バラはアイテム毎の端数出荷のみになります。作業は、ケース出荷主体ですので、生産性は高くなります。当然のことですが、庫内作業の内、ケースとバラの比率が大幅に変わりました。他企業との組み合わせである作業バッチの切り方によっては、バッチ間のロスが発生して、日別にみると、生産性は高くはありませんでした。

　三つ目は、付帯作業が、客先別に異なることでした。付帯作業の一例ですが、客先によっては、専用のラベルを貼付することが納品条件ですので、別ラインでラベルを貼付することになりました。

## 6．バラピッキング自動化設備の開発

### 1）バラピッキング自動化設備の完成度

　移りゆく時代背景の中で、バラ自動化設備は開発され、坂出ＬＣと堺ＬＣに設置されました。
　開発された４種類のバラ自動化設備は、既述しておりますが、次の通りです。
- ＰｒｏｂｏＣ（カートン商品対応ロボット）
- ＰｒｏｂｏＢ（ボトル商品対応ロボット）
- ＰｒｏｂｏＳ（仕切り不可品対応ロボット、補充自動化方式）
- ＰｒｏｂｏＶ（袋商品対応ロボット、吸引方式）

　バラ自動化設備の稼働は不安定でした。一つには、バラピッキング自動化設備の技術開発の完成度が低かったことにあります。
　坂出ＬＣで、1994年にプロトタイプモデルとして、ＰｒｏｂｏＣを３間口、ＰｒｏｂｏＢを14間口作り、実装テストを行いました。
　堺ＬＣでは、多品種に対応して、ＰｒｏｂｏＣもＰｒｏｂｏＢも間口数を増やしました。そのためですが、品種対応の間口増設によって、見込み違いが起きました。
　また、ＰｒｏｂｏＳ（仕切り不可品対応ロボット）とＰｒｏｂｏＶ（袋商品対応ロボット）は、プロトタイプを作らないで、アイデアをそのまま実機にしました。この点は、技術開発手順からすると、拙速すぎたと考えています。

### 2）**自然落下と摩擦**

　バラ自動化設備は、設備の成り立ちや中間工程を見ると、商品個体の移動や仕分を重力による**自然落下**や**摩擦**に依存する技術でした。その為ですが、商品個体の空間移動時のコントロールが不完全であり、トラブルや品質劣化を招きました。
　現在も、市販されていますソーター設備では、シュートから商品を自然落下させていますが、気になる点です。ケースソーターで仕分けるケースやオリコンは、外装の強度からして、許容できる範囲かと思います。ピース単体を仕分けるピースソーターでは、落下等による商品の破損が課題になりますし、実際に、顧客から外装の傷を指摘されることがありました。

## 3）個体として取り扱う

　**商品を個体として取り扱う**ことは、自動化を考える時に重要な課題になります。商品を個体毎に取り扱うことが、数量カウントや品質管理上、必須になります。

　商品を個体として取り扱う例として印象深く残っていますのは、**現金自動預金機**（ATM、automated teller machine）です。ATMは、4種類の金種（千円札、二千円札、五千円札、一万円札）を識別しています。お札そのものも識別できるようになっています。読み込む側と読まれる側ともに、識別ができるようになっております。お札のカウントも、1枚ずつ真空ポンプで吸着・移動・停止を繰り返して数えております（日本経済新聞夕刊2000年6月5日「小さな世界企業/三津海製作所」参照）。

　ピースソーターやケースソーターにおいても、個体として取り扱うことになります。
　商品個体の移動や仕分を、重力による自然落下や摩擦に依存する技術を、ボトル対応のロボット（ProboB）を例にとって説明します。
① 「補充ロボット」が、「ケース流動棚」よりケースを取り出し、ケースを把持します。なお、ケース流動棚に保管されていますケースは、天面カットされています。
② 「補充ロボット」が、ケースを180度反転し、ケースから「固定ホッパー」内に商品を自然落下させ、単品毎にセットします。
③出荷指示があると、「固定ホッパー」のシャッターが開き、商品が出荷指示数、「シュート」を滑り落ち、「多品種集荷コンベア」側に自然落下します（落下・摩擦）。
④ 「多品種集荷コンベア」が、所定の位置にくると「プッシャー（押出機）」が働き、商品を「オリコン投入装置」に押し出して（摩擦）、移載します。
⑤ 「オリコン投入装置」が、「オリコン」に商品を自然落下して投入します。

第 2 節　全自動化物流拠点

<図 1-8．ボトル対応バラピッキングロボットの機能イメージ図>

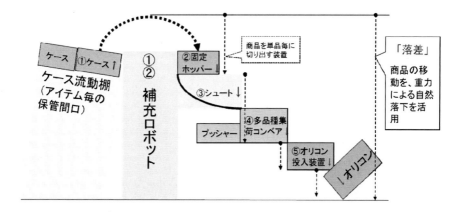

第 1 章　物流設備自動化拠点の安定稼働

## 第3節　物流設備自動化の安定稼働の課題

### 1．検証の視点

　同じ轍を踏まないために、技術開発史は大切です。成功したことも、うまくいかなかったことも、なぜそうなったのか、社内では、オープンに話すべきです。
　そまざまな技術に係るノウハウに**もっと光を**当て、社内の一部門内で眠らせたままにしないことだと考えています。許せる範囲で開示すると、もっと開発のスピードは上がるのではないでしょうか。同じ失敗をしなくて済むのではないでしょうか。オープンにすれば、開発途中にさまざまなアイディアや、開発の方向性にサゼッションがあったのではないでしょうか。
　エンジニアリングの過程で、一般的に考えておくことに焦点を絞って書きます。

#### 1）開発の組織対象範囲

　物流問題を考える時には、物流部門単独で、エンジニアリングに係るすべてがわかるわけではありません。社内の関係部門（主に販売、生産、マーケティング）との協議は欠かせません。「目的」を達成しようとすると、目的を具体化していくには、部門間の協議は必要です。物流が、企業の活動プロセスに深く根ざしているだけに、真摯な話し合いと、相互理解が必要です。
　例えば、販売部門が担っています客先との間で細かな取り決め（**取引条件**）があります。受注条件や納品条件に係ることが多くありますので、それをすべて洗いざらい調べることです。
　さらに言えば、**商品の荷姿**は、市場との関わりから、研究開発部門やマーケティング部門の商品開発事情で変わっていきます。また、単品商品の包装材料には様々な材質があります。

#### 2）開発のレベル設定

　物流に係る**品質**や、製作する設備の**信頼性**（障害率）に関する目標値、もしくは基準値を設定しておくことです。
　品質は、納入先である顧客に対して、最優先で考えることです。

信頼性（障害率）は、庫内作業や配送の運営にとっては、生命線になります。何時間で作業が完了するかを考えるには、信頼性が揺るぎ無いものでなくてはなりません。

ロケットや衛星を始め、宇宙ステーションの設計・施工が、信頼性に力を入れていることに注目しました。宇宙に一旦飛び立ちますと、地上に戻って、修理をすることは考えられませんので、その信頼性の技術を調べました。わかりましたことは、設計時のリスクの想定の仕方が半端ではありませんでした。また、各所に使われている部材の保管とその期間や、各部品に対するテストも同様です。日米の科学技術に取り組む姿勢の違いに感じることが、大きかったように記憶しております。

### 3）開発とマネジメント

（1）エンジニアリングの意思統一

**プロジェクトマネジメント**をする時は、何を、どうすることなのかを考え抜かなければなりません。ピッキングロボットに至る長期の開発期間の間、外部関係者や、社内の多くの関係者が、関わっています。関係者をまとめていく**目的・目標**を設定し、共有して、進めることの大切さを考えさせられました。

経営実務に携わっていますと、目的や目標が、組織内で案外軽く考えられていることに遭遇します。マネジメントサイクル（PDCA）の計画の神髄である「**目的**」をいろいろな視点で、何度も吟味してみることです。

組織の意思統一を図るには、「**目的の共有**」がまず第一歩です。その上で**意識改革**が進みます。

（2）設計・開発する技術原理が大事

バラ自動化設備に使われている**技術原理**がどのようなものかが、検証の対象になります。バラの自動化設備に使われている原理は、自然落下や摩擦でした。それらの原理では、単品が空間移動時に不安定にならざるを得ませんでした。一例で言えば、商品毎の外装材料の違いから、滑り方が違いますので、こちらの商品を立てれば、あちらの商品が立たずの繰り返しがあり、滑りの調整ひとつでも苦労しておりました。

単品の動きの不安定な結果として、様々なトラブルや品質低下がありました。例えば、商品破損の発生、バラピッキングの精度不足、バラ設備のトラブル多発、設備維持費がかかる、運営時の生産性が上がらないなどです。

堺LCのバラピッキング自動化技術を何とかしようと、改善を8年間続けておりましたが、当時の技術では単品単位で制御することはできませんでした。

今後の自動化技術開発では、商品を**バラ単位に個体として把持**できるようにするべきです。

(3) 開発とテスト工程

① 基本

**基本設計・詳細設計・試作・製作・施工と実装・試運転とテスト・保守**をやりきることの大事さです。

基本設計や詳細設計の段階では、**技術原理**が要です。

また、**仕様書**を書きますが、仕様書作成という文書化は、是非身に着けていただきたい能力です。正しく書くことが大事です。正しさの要点としては、5W1Hを意識して書くことです。

でき上がった仕様書は、関係者と必ず読み合せをして、確認をすることです。

② テスト

試作し、製作から試運転に至る段階では、設備やシステム（設備制御システムを含む）は、相互に深く関連するだけに、**設備単体のテスト**や、設備とシステムの**相互関連テスト**、更には**総合テスト**を十分にしているのかどうかです。

テストと一口で言っても、大規模物流センターでは、大きな仕組み・システムになっています。一つひとつの単体のテストを繰り返していくわけです。

テストそのものが、**第三者に理解可能な状態**で、**網羅性**と**正確性**を確認するテストを行いませんと、テストがテストになりません。

通常の操作で通常通りに動きますというテスト結果報告を受けるのですが、それは当たり前のことです。

動いている通常の実データは用意されますが、異常状態をどこまで設定して、**テストデータ**を揃えて行うかが要です。網羅的なテストデータが用意しているかどうかです。

単純なことですが、データの範囲である最小値と最大値を用意することです。物量ピークの時に設備がストップする理由の多くは、最大値の想定が甘いことに

あります。また、最小値、即ちゼロのテストもしかりです。実際の出荷物量がゼロなることがあり、設定によっては、ソフトが暴走することもあります。
　また、テストデータのまま制御用パラメータが設定されている制御機が、稼働後に見つかることがありますので、テスト完了後、復旧処置を怠らないことです。

③　万全を期する
　開発前や開発途中では、どこまで執念をもって開発に執着するのか、あるいは方針ややり方を変えるのか等々、難しい課題があります。
　開発にあたり、知識がなかったり、能力がなかったりすれば、やりようがありませんから、知識や能力があるに越したことはありません。
　知識や能力より大事なことは、新しいことに食らいついていく「**思い**」という**意識**があるかどうかです。「思い」で、自ら燃えることができるかどうかだと考えております。物知りな評論家では、開発はうまくいきません。
　思いという意識があれば、「思い」をどうすれば実現できるのか具体的な「**計画**」を立てるでしょう。意識していない限り、実現しようとする計画にはなりません。開発途中に何かあっても、起きた事象をわかろうとするでしょうし、解決するようになるでしょう。計画の進捗を確認し、修正するようになるでしょう。開発のリーダーの立場であれば、、一緒に開発をする皆を燃え上がらせるようにするでしょう。自分にないものを、広く、皆に求めるでしょう。
　未来を切り開いていくには、開発前は、明るい見通しをたてて、実現する「**思い**」を掻き立てることです。「思い」がないと、実現への道のりは難しくなります。
　一方、開発中は、試行錯誤を繰り返すことになります。何度となく振り出しに戻ることがあります。開発は、なかなか直線的には進みません。それだけに、開発に関してあらゆることを想定して、**リスク**になることをすべて挙げておくほどの細心の作戦がいります。
　目的は何なのか、何が自分の開発原則なのか、を持っておかないと、流れに流されます。やはり、「思い」を実現するには、技術的なステップをきちんと踏んでいき、人知の及ぼすところまで、**万全を期する**ことに尽きます。
　念のために、経験しました開発する設備に関して「設備トラブル原因と事前対応・事後対応」を一覧にしておきます。要点としては、仕様書の作成と、リスクを想定したテストを事前にどこまで行うかにあります。

第3節　物流設備自動化の安定稼働の課題

<表1-3. 設備トラブル原因と事前対応・事後対応>

| 設備トラブル原因 | | 基本設計ミス | 詳細設計ミス | 製作ミス | 施工ミス | 試運転ミス・漏れ |
|---|---|---|---|---|---|---|
| 責任箇所 | 自社 | 自社 | 自社<br>(機能設計) | — | — | 自社 |
| | メーカー | — | メーカー<br>(製作設計) | メーカー | メーカー | メーカー |
| 事前対応 | | 自社**仕様書**の確立 | メーカー仕様書の確立 | ・メーカー選定<br>・メーカー責任体制の明確化<br>・工場内テストの実施 | | ・試運転チェックリスト<br>・テスト方法の確立 |
| 事後対応 | 機械 | ・レイアウト変更<br>・増設 | ・機種変更<br>・速度変更<br>・ライン改造 | ・部品交換 | ・再施工 | — |
| | 制御 | ・大幅なシステム変更 | ・小幅なシステム変更 | ・バグ（プログラムの誤り箇所）潰し<br>・部品交換 | | |
| | CPU | トラブルの長期化、生産性未達、品質低下 | | | | |

## 4）開発と運営組織の関係

　マニュアルの整備と、従業員への教育や訓練ができるようにするのは、開発部門の重要な役割です。設備を操作するには、設備に関する**操作マニュアル**の説明（教育）とともに、十分な**訓練**が必要です。設備を運営する組織のメンバーの習熟する時間は欠かせません。設備開発メンバーと運営会社メンバーとが、稼働前に、**設備操作の摺合せ**を行うことです。

　開発メンバーにとっては、開発してきておりますので、設備の操作は当たり前のことです。運営を担当するメンバーには、すべて新しく取り組まなければならないのです。それだけに、事前の開発工程におけるテストが短くなりますと、当然、設備運転訓練も短くなります。この点は、開発者として、スケジュール管理をしておくことです。

　また、運営を委託する時は、組織上の指揮命令系統が異なりますので、組織及び人間関係に注意がいります。

## 5）改善の継続

　技術開発の投資は、成功すれば、大きな成果をもたらします。一方、うまくいかない時には、その責任をどうするのかが問われます。開発に携わる当事者だけの問題ではありません。組織として、開発のマネジメント能力が問われます。
　失敗を個人に向かって厳しく評価していきますと、挑戦しなくなりがちです。起きた事態を正しく調査するためには、個人の責任を問うよりも、**免責**にして、率直に課題解決に向けて、原因を追究することが大事であると考えております。また、開発に意欲を持たせ続けるにはどうするのかが、問われました。
　技術開発は、考え抜いてもわからない点がありますし、やってみないことにはわからないことがあります。
　結果としての成功・不成功を問わず、「**思い**」を「**やってみる**（Let's try）」ことだと考えています。

　グローバルなコスト競争が激しくなった時期であり、会社として投資を見直していく動きが重なりました。米国の機関投資家から、「物流投資は、利益をもたらしているのか」との質問があったと、経営陣から聞かされました。
　これを機に、物流投資に対する姿勢が、問い直されました。投資判断に関する指標の見直しになりました。

## 2．デジタルピッキング設備化

### 1）脱バラピッキングロボットの目的

　バラピッキング自動化設備を、2004年、デジタルピッキング設備に切り替えることにしました。
　デジタルピッキング設備にする目的は、
①バラのピッキング間口の拡大
　バラのピッキング間口を、間口数に余裕を持たせるために1500間口にします。良く出荷されるABランクのバラは、2系統のバララインにしました。
②バラの生産性向上
　バラの生産性を600本/人時にアップします。これによって、コストは大幅に低下することになります。
③計量検品方式を採用
　バラピッキングの品質を向上させるために、バラピッキングをするデジタルピンキング設備に付加して「**計量検品方式**」を採用することにしました。

### 2）バラピッキングの品質向上

　計量検品方式は、デジタルピッキング設備（ピース・ピッキング／摘み取り方式）に、計量検品機を装備して、ピッキングの精度を上げる仕組みです。
計量検品によるピッキングミス防止の要点は、3点です。
①品種の保証は、商品のJANコード、若しくはITFコードをスキャンして行います。
②数量の保証の仕方は、次のようにして、ミスのゼロ化を図ります。
　・商品マスターにアイテム毎の単品重量を登録しておきます。
　・ピッキングした商品を、計量検品機の秤に載せて総重量を計量します。
　・商品マスターと実際にピッキングした商品を突き合わせて、重量から個数に変換して、ピッキングした個数を計量検品機でカウントします。
　・出荷指示した個数と、実際にピッキングした個数を、計量検品機で照合して、過不足数を判断します。
　・過不足があれば、表示をして作業者に修正を知らせます。

③バラ商品を投入するオリコンの保証は、「誤投入防止シャッター」で、投入先オリコンを特定します。


## 3．その他の施策

### 1）ケース・バラ分離システムへの転換

　堺LCは、ケースとバラを一括処理していました。小売業へ店別ではなく、センター納品することが多くなり、バッチ毎のケース・バラ比率が変動することになります。
　例えば、センター納品タイプである店別通過型と総量納品型では、ケース・バラ比率は全く異なります。ケースとバラが相互に干渉しあって、ケースかバラかのどちらかに、待ちが発生することになりました。
　ケース・バラ分離システムを採用することによって、ケース積み付け能力をアップすることにしました。このため、バラ待ちやクレーン待ちがなくなりました。
　また、荷揃えスペースを拡大して、他拠点へのリレーや店舗への直送の積込がすぐできるようにしました。

### 2）堺LC独自のバッチ決裁から統一WMSに切り替え

　堺ＬＣ独自にバッチ決裁をＬＡＮマスターでも行っており、他物流拠点とは異なるオペレーションをしていました。
　自動化設備のバッチは、制御CPUが作り、非自動化設備の商品のバッチは、物流CPUで作るために、同期が取れず、非自動化品ソーター用ラベルのカルタ取りが発生していました。
　庫内運営の情報システム（WMS：warehouse management system）の統一化を図るとともに、運営のロスを低減するために、他物流拠点と同様に、物流CPUで行う方式に変更しました。

第3節　物流設備自動化の安定稼働の課題

## 3）制御パソコンのOS（オペレーティング・システム）

　制御パソコンに採用していましたOS（IBM社製OS2）に起因する停止が、定期的に発生しておりました。"OS2"は、2004年には既に市場から撤退しています。
　制御パソコンは、10年間以上に亘って使用することを前提にして、機種及びOSを選定するべきです。市場で販売されているパソコンのOSは、一見すると便利です。しかしながら、OSの更新期間が短く、OS相互の互換性がない為に、アプリケーション・ソフトの書き換えが都度発生します。書き換えに伴うソフト代が大きな負担になります。この為に、現場では使うものではないと考えております。

注1. OS：コンピュータを作動させるのに必須の基本的ソフトウェア。
　　　ハードウェアと利用者の間で、コンピュータを有効に操作、利用できるように働くソフトウェアです。利用者にとって使いやすい環境を提供することと、ハードウェアを効率よく活用することが、OSの主要な役割です。
注2. OS2：IBMとマイクロソフトが共同開発したGUI（graphic user interface）ベースのOSです。Windowsアプリケーション・ソフトを使える機能を持ちます。

# 第 1 章　物流設備自動化拠点の安定稼働

## 第4節　商品

### 1．物量

　物量は、物流のエンジニアリングをする時に、生命線になります。この項では、実際に物流のエンジニアリングした時のレビューを取り上げます。

### 1）物流エンジニアリングの調査項目

　物流センターをエンジニアリングしていく上で、下記3点が、設計上、基本となるデータです。
　①**商品**は、どういう商品を取り扱うかが基本です。
　　事例の対象としたA社は、医薬品、日用品、化粧品、食品等の店舗販売です。
　②**物量**は、店舗より日別に発注されるデータが基本になります。なぜ日別物量かといえば、日単位に仕事が処理されていくからです。
　　時間単位に処理されているでしたら、時間単位に物量を調査することになります。
　③**納品先**である店舗情報
　　A社の店舗情報は、各店舗を回訪して、店舗の位置、納入経路等を実査しています。

さらに、
　④店舗発注データが、
　・日別に、どれぐらい発注されているのか
　・手発注なのか、自動発注なのか
　・日別の波動は、どうなっているのか
　・バラ勝ちか、ケース勝ちか等
によって、倉庫面積、設備設計や作業の生産性に影響し、設定が変わります。
即ち、
　⑤倉庫・設備・運営能力への影響
　・倉庫の規模とレイアウト

第1章　物流設備自動化拠点の安定稼働

・在庫します商品の保管間口数や間口容積（商品の保管数量）
・入荷・保管・出荷に関する設備能力
・作業の運営生産性等があります。

## 2）物量は精査が必須です

　A社に対して、商品・物量・店舗情報の3つのデータは、A社との受託前の定例会議の都度、要請していました。この受託交渉の過程において、A社より提供された発注データと、実際に稼働した後のデータとは、齟齬（くいちがい）がありました。この点に課題がありました。

① 提供されるデータの範囲と時期

　提供された物量データが、稼働2年前のものでした。センター稼働後を想定すると、このデータでは、新店・閉店や、合併に伴う増店が正しく反映していないことから、改めて要求し直しました。その時にA社より出されたのが、稼働8ケ月前の単月分のみです。少なくとも必要でした稼働1年前の半年分の明細は出ませんでした。

　稼働開始時期を考えると、倉庫規模や設備能力決定のタイミング上、やむをえず、稼働半年前に、想定する物量を決めざるを得ませんでした。このタイミングでは、設備やシステムの開発スケジュールがタイトになりました。従って、要員教育等も時間的に厳しくなりました。

　後日の話として考えれば、稼働予定の日程に無理が生じていましたので、稼働開始時期を遅らせる交渉か、若しくは契約前ですので受託撤回を、この時点で行っていればよかったのかもしれません。

　それほど物量のデータは重要です。

② 齟齬1「バラ数とケース数の出荷比率」

　提示されたバラ数とケース数の出荷比率が、店舗経営から見て、ケース勝ちであったことです。提示されたバラ出荷とケース出荷の比率は、53％：47％でした。この比率では、企業の特性上、出荷比率の見込み違いのリスクがあると思い、バラ出荷を70％、ケース出荷を30％に修正して、安全サイドに設計しました。バラ勝ちになりますので、バラ出荷作業に関わる設備能力を上げ、保管間口を増やすことにしました。

稼働開始した直後の単月の出荷実績を見ますと、バラが８２％、ケースが１８％と、設計で想定した数値をはるかに超えるものでした。したがって、設備能力の点で、物量ピークを想定して製作している設備と雖も、在庫（間口数と間口容積）やピース系統の設備能力が不足することになります。

作業時の生産性は、計画に対して８５％に悪化することになります。

③　齟齬２「店舗発注データは、１行当たりのバラ数が要」

A社からは、１行当たり３．６ピースの提示でした。これも、安全をとって、設計上は１行当たり３ピースとしました。稼働直後の６月度実績は、１行当たり２．４ピースでした。

したがって、計画に対して、実績は８０％に悪化したことになります。

設備能力の点で言えば、在庫からピースピッキングする時も、総量で納品される時も、当初の設備能力では不足することになります。

また、バラ作業の生産性を悪化させました。

④　実績値の計画値への影響度

上記の②と③で２つの齟齬を取り上げました。計画したデータに対して、実績を比較し、影響を評価しますと、

バラ比率が高くなることにより、作業全体の生産性は85%に低下しています。
１行当たりバラ数は、80％に低下しています。

これらから、出荷作業の生産性に対する影響は、68%（=85%×80%）に低下します。バラ作業において、事実上、運営が成り立たない状態になります。

なお、当初提示されたデータと比較すれば、生産性は、44%に低下することになりますので、なおのこと運営は成り立ちません。

データの齟齬によって、

- ・倉庫面積の不足（入荷口、保管スペース、荷揃えスペース、出荷口）
- ・設備能力の不足（在庫間口数と間口容積、ピッキング設備等）、
- ・什器の不足（オリコン、カゴ車等）
- ・人員の不足、
- ・配送車の不足に繋がります。

生産性の悪化とともに、運営に支障をきたすことになります。
また、１行当りのピース数が少なくなったことから、ピースを入れていますオリコン数は、約２倍必要になりました。車両台数は、1.5倍必要になりました。

第1章　物流設備自動化拠点の安定稼働

　物量の精査こそ、設備やシステムの規模及び開発工程を決め、運営能力を左右します決め手になります。データを提供する企業側の事情があるのでしょうが、提供される物量のデータとその後の経年変化の裏付けが取れるまで、十分な精査をすることです。提供データが誤謬であることは論外です。

<表1-4. 事例データの齟齬一覧>

| 比較項目 | A.<br>提供された<br>データ | B.<br>安全サイド<br>に設計した<br>計画データ | C.<br>稼動実績デ<br>ータ<br>(単月) | 実績基準との<br>比較<br>計画：B/A<br>実績：C/A |
|---|---|---|---|---|
| ①バラ数とケース数の比率 | 53%：47% | 70%：30% | 82%：18% | 計画：バラ比率が<br>132%に上昇<br>実績：バラ比率が<br>155%に上昇 |
| ②1行当りのバラ数 | 3.6ピース<br>/行 | 3ピース<br>/行 | 2.4ピース<br>/行 | 計画：83%に低下<br>実績：67%に低下 |
| ③オリコン数 | ― | 5,600 | 10,900 | 実績：1.9倍<br>(C/B) |
| ④車両台数 | ― | 37台 | 51～59台 | 実績：1.4～1.6倍<br>(C/B) |

## 2．用語

### 1）荷姿

　荷姿は、搬送物の外形、外観、大きさなどを総称的に表します。パレット単位で示すパレット荷姿や、商品単位で示す商品荷姿などがあります。

①正パレットは、積載しますケースが指定された1面当りケース数×段数で成り立ちます。

　パレットのサイズには、いろいろなサイズがありますが、日用品業界では、Ｔ１１型（縦1100×横1100×厚み144㍉）を標準として使用しています。
　パレットの材質としては、木製とプラスティック製があります。

②端数パレットは、面単位に積まれたパレット、もしくは端欠けパレットをいいます。

③カゴ車（ロールボックスパレット）は、運搬台車の一種で、網状または格子状のスチール製の枠で作られたカゴ状の容器にキャスターを取り付けたものです。（JIS/Z0610）。

　寸法は、600×800×1200㍉程度のものが多くあります。

④ケースは、段ボール等で、包装された商品をさします。

⑤中箱は、ボール単位等で、包装された商品をいいます。

⑥バラ（ピース）は、商品の最小単位です。

### 2）場所

　入荷と出荷は、物流センターと外部での荷の動きを指します。
入庫と出庫は、庫内設備での荷の動きを指します。

①入荷口は、入荷する為の車を着床させる場所をいいます。
②入荷エリアは、入荷した商品を荷捌きする場所をいいます。
③仕分エリアは、ケースソーター仕分品を積み付けする場所です。
④荷揃えエリアは、出荷する商品を荷揃えし、配送車に積み込む場所です。
⑤出荷口は、出荷する為の車を着床させる場所です。

3）ＡＢＣ管理品

　Ａ管理品は、出荷量累計８０％未満の商品
　Ｂ管理品は、出荷量累計８０％以上９５％未満の商品
　Ｃ管理品は、出荷量累計９５％以上の商品
なお、実務に即して、累計比率を変更しても構いません。

4）物流単位の呼称

　単位の呼称は、統一しておくことです。

<表1-5. 呼び名と物流単位の例>

| 内容 | 呼び名 | 物流単位 |
| --- | --- | --- |
| ケースで取扱うもの | ケース | ケース |
| ケース以下で取扱うもの | バラ | 本 |
| | ピース | 本 |
| 中箱品 | 中箱 | 箱 |
| | ボール | |
| 折り畳み式コンテナ | オリコン | オリコン |
| 合算（ケース＋オリコン） | | 口 |

# 第 2 章
# 全在庫物流拠点の集約

第2章　全在庫拠点の集約

## 第1節　全在庫物流拠点の変遷

　全在庫の物流拠点は、1996年に60ヶ所でした。2005年春に21ヶ所になりました。商品が消費財であり、マーケティングと販売活動等が功を奏し、全国各地の消費者に概ね均等に購買されておりました。従って、日本の地方別の経済力にほぼ対応した、物流拠点の配置と規模を実現することになりました。

　表2-1（次頁）を見ていただければわかりますように、従来は、多くの物流拠点が、単独販社の物流拠点をそのまま引き継いでいましたので、小規模拠点が県単位に多数存在しておりました。広域LC化等で物流拠点を統合化し集約しましたので、工場から物流拠点までの輸送（工場からの積送）も、大きく変わることになりました。

　第1章の図1-1で説明しましたように、物流拠点からの配送形態も変わりました。配送拠点として、フロントターミナル（FT、一部在庫有り）、あるいはスルーターミナル（TT、在庫無し）を活用した方式も、取り入れております。

<図1-1. 工場−物流センター−小売業の物流フロー>（再掲）

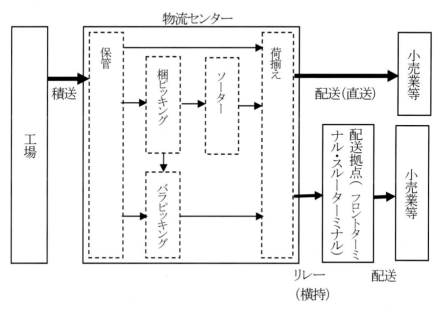

第2章　全在庫拠点の集約

<表2-1. 物流全在庫拠点の集約>

| 地方 | 1996年／全在庫60ヶ所 | 2005年／同21ヶ所 | 物流拠点の考え方 |
|---|---|---|---|
| 北海道 | 札幌、函館、苫小牧　旭川、釧路 | 石狩（99/4） | 拠点統合 |
| 東北 | 青森、八戸、弘前　盛岡、　酒田、　仙台、　会津、郡山、いわき | 青森（03/10）　仙台（98/8） | 拠点統合、　拠点統合 |
| 関東 | 川崎LC　岩槻LC　多摩、甲府　土浦、宇都宮、前橋　長野、松本　新潟、長岡 | 川崎LC（86/6）　岩槻LC（87/10）　沼南（98/9）　八王子（03/3）　更埴（97/12）　新潟（03/9） | 広域LC　広域LC　拠点統合　リスク対応拠点　拠点統合　拠点統合 |
| 中部 | 稲沢LC、名古屋　豊橋、津　焼津、静岡、三島　金沢、富山 | 稲沢LC（94/2）　豊橋LC（96/11）　金沢（02/3） | 広域LC　広域LC　拠点統合 |
| 近畿 | 堺LC、泉北、交野　江坂、八尾　京都、福知山　西宮、加古川 | 堺LC（95/12）　尼崎（03/5）　加古川（97/6） | 広域LC　リスク対応拠点　単独拠点 |
| 中国 | 広島LC　宇部、下松　安来、鳥取 | 広島LC（90/11）　米子東（03/6） | 広域LC　拠点統合 |
| 四国 | 坂出LC、松山、宇和、高知 | 坂出LC（94/5） | 広域LC |
| 九州 | 福岡、新門司　佐賀、長崎、佐世保　熊本、鹿児島　沖縄 | 北九州（00/10）　鹿児島LC（93/11）　沖縄 | 拠点統合　広域LC　単独拠点 |

第1節 全在庫拠点の変遷

<図2-1. 物流拠点配置図「全在庫21箇所」>

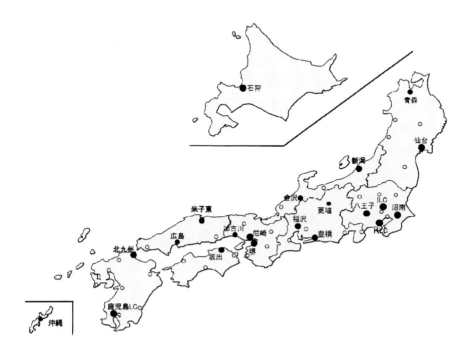

● 全在庫拠点
○ 配送拠点（フロントターミナル、スルーターミナル）

# 第2章　全在庫拠点の集約

## 第2節　経営環境

　全在庫拠点の集約を検討した1997年当時の流通の経営環境が、どのような状態であったのかをまとめておきます。客先である小売業が、大きく変わっていっており、物流の仕組みが変わっていっておりました。
　要点は、3つです。
①大規模小売業の売上集中度が高くなってきています。
②届け先店数が業態毎に変化しています。
③小売業による自社調達物流の強化が進んでいます。

### 1．大規模小売業の売上集中度

　小売業の市場規模は１１６．５兆円に対して、小売業上位１００社の売上高が２５．６兆円と、構成比にして２２％でした（1997年2月商業統計）。
　小売店商店数が、１９８２年の１,７２１千店をピークに、１９９７年には１,４０７千店と大幅に減少しています中で、チェーンストアの上位100社が売上を伸ばしている時代でした（経済産業省「商業統計表」参照）。その意味では、従業員数は、１９８２年には６３７万人でしたが、１９９７年には増加して８０３万人になっており、チェーンストアを中心に従業員は拡大していたと思います。

　小売業GMS上位5社の単独売上高は７．１兆円で、連結では１０．９兆円でした（97年2月現在）。

|  | 単独 | 連結 | （参考15年2月実績） |
|---|---|---|---|
| ダイエー | ２．４兆円 | ２．９兆円 | － |
| イトーヨーカ堂 | １．５兆円 | ３．０兆円 | （S&I　６．０兆円） |
| ジャスコ | １．２兆円 | ２．１兆円 | （イオン　７．１兆円） |
| マイカル | １．１兆円 | １．７兆円 | － |
| 西友 | ０．９兆円 | １．２兆円 | － |

　２０１５年現在で存在している会社は、イトーヨーカ堂とイオン（旧ジャスコ）の2社だけですので、１８年を経過した今日、隔世の感があります。

コンビニエンスストア上位3社で3．2兆円、店舗数18,166店でした。18年後の今日、店数で比較しますと、2.3倍になっています。

|  | 全店舗年商 | 店舗数(97年) | 参考店舗数(2015年) |
|---|---|---|---|
| セブンイレブン | 1．6兆円 | 7,064店 | 17,886店 |
| ローソン | 1．0兆円 | 6,375店 | 12,276店 |
| ファミリーマート | 0．6兆円 | 4,727店 | 11,444店 |
|  | 3．2兆円 | 18,166店 | 41,606店 |

## 2．業態別の1店舗当り売上高が変化

　業態別の1店舗当りの自社売上高を見ますと、店舗への配送方式を考えざるを得ない状況でした。ここでいう業態には、スーパー、ドラッグストア、ホームセンター、ディスカウントストア、コンビニエンスストア、デパート、ミニスーパー、農協、生協、一般店に区分しておりました。
　業態別に、1店舗当たりの納品金額を見ますと明らかな差が出始めていました。典型的には、コンビニエンスストアは、1店舗当りの年間取引額が50万円と小さいのに、店舗数が35千店と多い状態です。それに対して、ディスカウントストアは、1店舗当りの年間取引額が32.4百万円ですが、店舗数は814店と少ない状態でした。
　配送は、エリア単位に店舗毎に配送する**面配送**が中心でしたが、取引額の大きい店舗、及び小売業の物流センターには、大型車で単独に高回転をした方が、配送費は安くなることが見え始めていました。

## 3．小売業による自社調達物流の強化

　販社が、小売業に支払っているセンター使用料は、直近の年度（1996年）では10億円台になっていたかと思いますが、徐々に増大しておりました。販社の収益構造上、利益に大きな影響を与える可能性がありました。

## 第3節　部門方針とその根拠

### 1．部門方針を巡る考え方

#### 1）部門方針の考え方
　部門目標としては、、「**デマンドチェーン**」を作ることにしておりました。
　「デマンドチェーン」とは、消費者起点でサプライチェーンを考えた時の呼称です。
　小売業から工場までのデマンドチェーンとして検討したことは、
　　・流通在庫全体の在庫削減を図ること
　　・欠品ゼロ化を図ること
　　・納品先にタイムリーに商品を届けること等です。
　小売業に提案していました「**カテゴリー・マネジメント**」としては、
　　・品揃え、新製品、売場作り（棚割り）、購買促進、売上・利益に貢献することを検討しています。

#### 2）方針の背景としてのGCI
　サプライチェーンをグローバルに見ますと、グロサリー流通のほとんどが、メガ・メーカー（ベンダー）と、メガ・バイヤー（小売業）で構成されています。欧米の新パラダイムは、メガ・プレーヤーの手で効率化が進められていました。
　その典型が、**GCI**（global commerce initiative）です。消費財産業が、世界規模で、商取引をシンプルで合理的にしていこうとしていました。新しい商取引の仕組み（ビジネスプロセス）の創出です。
　GCIが公表しているコンセプトは、「**シンプル化によるコスト削減**」にありました。
　それを具体化する「5つの**標準化推進テーマ**」は、次のとおりです。
①**EDI**：電子データ交換の標準プロトコール設定（EDIFACT：electronic data interchange for administration, commerce and trasport、国連の欧州経済委員会で開発・推進）
②**製品コード**：EAN（european article number）、UPC（universal product code）の国際展開（JAN/Japanese article numberは、EANに準拠）
③**インテリジェント・タグ**（RFID：radio frequency identification）

④**エクストラネット**（extranet）：複数の企業・組織のイントラネットを接続し、情報交換や取引に利用するネットワークシステムです。
　（対イントラネット intranet, インターネットの技術を利用した、組織内の情報の一元化・共有化を図ります）
⑤**ＥＣＲスコアカード**：ＥＣＲの進捗度を表した採点表であり、企業間取組状況を客観的に評価しておりました。

## 3）ＥＣＲ

　消費者起点で、デマンドチェーンを作ることを考えた背景には、**ＥＣＲ**（efficient consumer response）がありました。ＥＣＲは、一般的には「効率的な消費者対応」と直訳されます。ＥＣＲは、消費者の需要と、メーカーや卸売業、小売業の供給を効率的にリンクさせながら、いかに消費者のニーズに的確、迅速に応えていくか、いかに消費者に多くの満足を与えられるか、を原点にした取引の概念といえます。
　流通システム開発センター「標準ECRスコアカード」1999年版が、参考になります。

<図2-2. 小売業とのカテゴリー・マネジメントの概念図>

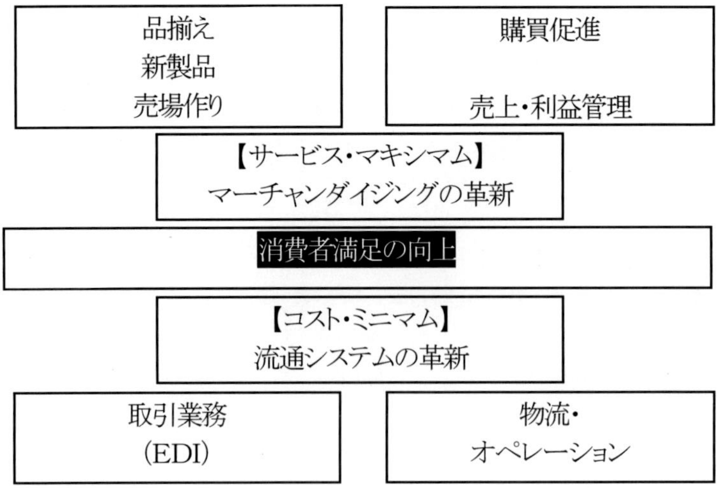

```
┌─────────────────┐  ┌─────────────────┐
│  品揃え         │  │  購買促進       │
│  新製品         │  │                 │
│  売場作り       │  │  売上・利益管理 │
└─────────────────┘  └─────────────────┘
    ┌───────────────────────────────┐
    │  【サービス・マキシマム】     │
    │  マーチャンダイジングの革新   │
    └───────────────────────────────┘
┌───────────────────────────────────────┐
│         消費者満足の向上              │
└───────────────────────────────────────┘
    ┌───────────────────────────────┐
    │  【コスト・ミニマム】         │
    │  流通システムの革新           │
    └───────────────────────────────┘
┌─────────────────┐  ┌─────────────────┐
│  取引業務       │  │  物流・         │
│  （EDI）        │  │  オペレーション │
└─────────────────┘  └─────────────────┘
```

## 第3節　部門方針とその根拠

## 2．物流拠点の整備における在庫削減の意味

当時の方針を策定します時の根拠や考え方を、述べておきます。
全在庫拠点を集約するのは、在庫削減にあります。その活動を行いながら、物流拠点の整備を行っていきました。

### 1）点と線

物流の構成要素をみますと、二つの要素から成り立っています。
一つは、点（node）です。原材料メーカー、製品工場、卸売業、店舗、消費者・ユーザー等です。
二つ目は、線（link）です。物流の本来的な意味である「情報」、「物」、「金」の流れです。これらは流通の経路を形成しています。

工場で生産された製品が、中間流通業を経由して、店舗で消費者が手にする量を次のように定義します。
生産量（P）：工場で生産された量
流通量（L）：中間流通業が購入する量
販売量（S）：店舗が購入する量
消費量（C）：消費者が購入する量

期間を、t−1時点からt時点までとしますと、次の関係式が成り立ちます。

|  | 期首在庫 (t−1) | 期中 生産（仕入） | 期中 出荷（販売） | 期末在庫 (t) | 式 |
|---|---|---|---|---|---|
| 生　産 | $Z^P_{t-1}$ | P | L | $Z^P_t$ | ① |
| 流　通 | $Z^L_{t-1}$ | L | S | $Z^L_t$ | ② |
| 販　売 | $Z^S_{t-1}$ | S | C | $Z^S_t$ | ③ |

①より、$Z^P_{t-1}+P=L+Z^P_t \rightarrow P=L+(Z^P_t-Z^P_{t-1})$
②より、$Z^L_{t-1}+L=S+Z^L_t \rightarrow L=S+(Z^L_t-Z^L_{t-1})$
③より、$Z^S_{t-1}+S=C+Z^S_t \rightarrow S=C+(Z^S_t-Z^S_{t-1})$

この式中の増減した量である $Z^P_t-Z^P_{t-1}$ を、$\triangle Z^P$ とし、他も同様に変形しますと、次のようになります。

$$P=C+\triangle Z^P+\triangle Z^L+\triangle Z^S \quad \cdots\cdots\cdots ④$$

## 第2章　全在庫拠点の集約

即ち、**生産量＝消費量＋工場在庫量の期間増減分＋流通在庫量の期間増減分＋店舗在庫量の期間増減分**・・・・・・・・・・・・・⑤

もし、十分に長い期間を取り、その間に工場、流通、店舗の各在庫量の変化がほとんどない場合には、次の式が成り立ちます。

**生産量（P）＝流通量（L）＝販売量（S）＝消費量（C）**・・・・⑥

これらの式からいえることは、流通のプロセスである生産や販売は、フローとストックで成り立っており、物流なくしては成り立たない関係になっています。自社の製品の優位性を維持していく戦略の中に、物流戦略がありますが、物流が企業にとって重要な戦略であると考えています。

### 2）在庫拠点数

物流をマネジメントしていく時の要素に2つあります。
一つは、在庫拠点数と各々の在庫量です。
二つ目が、店頭販売量の実数の把握と予測値です。

#### （1）在庫拠点数と各々の在庫量

一つ目は、在庫拠点数と在庫量に関連する在庫問題です。拠点の集約は、生産から販売までのスループットタイムの最小化になり、スピード経営になります。
また、キャッシュベースの企業価値が問われております。在庫削減は、在庫のキャッシュ化、即ち資産を現金で早期に回収することになり、企業のROA（return on asset、総資本利益率）の向上になります。
一般的に、在庫量は、在庫を補充する期間（t）と、その間に出荷又は販売されるであろう物量（見込量：F）とで規定されます。

**在庫量（Z）＝見込量（F）＋安全在庫量（α）**・・・・・・・・⑦
**見込量（F）＝$F_{t+1}+F_{t+2}+\cdots+F_{t+n}$**・・・・・・・・⑧

この式は、**在庫拠点数の削減**により、在庫補充の期間を短縮することで、在庫補充の単位を小さくすることなしに、在庫量を抑えることを示唆しています。
例えば、3箇所の在庫拠点で、トラック1台ずつ3日毎に在庫を補充しているとします。これを、1箇所に集約することで、毎日補充することが可能になり

ます。つまり、生産と販売をできる限り直結していくことが、合理的です。

点（node）である在庫拠点の削減は、線（link）を太くしていくことになります（図2-3）。

<図2-3. 在庫拠点の集約>

①補充頻度：3日に1回

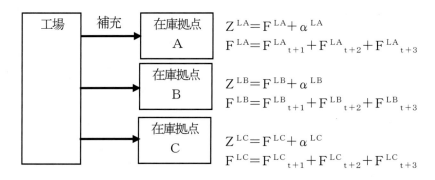

②補充頻度：毎日1回

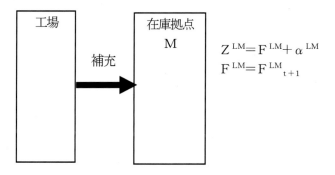

（2）店頭販売量の実数の把握と予測値

二つ目は、店頭販売量の実数の把握と予測値の計算によって、見込生産量をコントロールしていけます。在庫量の増減分（△Z）は、前述の式④にもある通り、期末在庫と期首在庫との差で表せます。これは、その期間の見込量と実出荷量とのズレが大きな要因ですので、予測精度の水準を一定レベルに維持することで、在庫量の低減が図れます。

## 3．ハイクオリティ・ローコストの実現

### 1）ハイクオリティとローコスト

　成長する企業は、成長するビジネスを発掘し、そこに進出します。商品やサービスにおいて、独自の価値創造ができる企業であり、また真にコスト削減ができる企業になることです。
　自分たちが競い合っている事業で、集団から抜け出して、質的な意味において**オンリーワン**、量的な意味において**ナンバーワン**を目指す企業であるためには、より良い商品やサービスを、より安く顧客に提供することです。
　達成レベルで言えば、商品やサービスの「質」が世界水準であることと、コストが最低であることです。この2つが、オンリーワンあるいはナンバーワンの実力を持ち続けることの必要条件です。明確な技術的な武器、あるいは他社にはない強みを持っている企業であり続けることです。
　そのために、技術革新が求められます。常に、顧客変化に対して、自分達のビジネスモデルを見直し、改革が求められます。現場のガンバリに頼るのではなく、構想や設計の基本仕様に立ち帰って、ハイクオリティとローコストを実現するようにしていきます。

### 2）ハイクオリティ

（1）シックスシグマ（6σ）
　ハイクオリティの達成目標にしています**シックスシグマ（6σ）**について考え方を述べておきます。
　顧客満足をめざす時に、企業理念を唱えるだけでは、顧客満足の向上をもたらすことはできません。目指す企業理念を、誰もがわかるようにしてこそ、実現させる顧客満足を**測る**ことができます。
　企業理念が実現しようとしているビジネスプロセスを明らかにして、測定可能にし、課題があればビジネスプロセスを変革していって始めて、企業理念の実現ができます。顧客満足の向上を目指すならば、それに至るビジネスプロセスをコントロールしていくことです。
　顧客が、自社の商品やサービスに対して、一点の曇りもない信頼を寄せ続けてくれることこそが、企業にとって、最高の栄誉であり、資産です。顧客の信頼に

第3節　部門方針とその根拠

応える最善の方法は、顧客の手元に届く商品やサービスに、不良やエラーを潜り込ませないことにつきます。

　シックスシグマ（6σ）という手法が、画期的な点は、これを企業に根付かせることに成功すると、企業が生み出す商品やサービスのエラーやミスの発生確率を、１００万分３．４にまで抑えることができることです。統計学では、エラーやミスの発生確率が、１００万分３．４回というレベルを６σと規定しています。

　このことから、６σレベルのエラー発生確率であれば、ほぼすべての品質を経営管理目標として用いることができると考えた発案者が、シックスシグマを基準にしましたし、シックスシグマ手法の出発点にしています。

　６σを目標値・手法・活動の基準にするのは、経営者の意思です。

　「製品を１００万個作った時の不良率が３．４個**である**」は、経営者の意思によって、「製品を１００万個作った時の不良率を３．４個**にする**」に転じます。

　経営改革プロセスは、シックスシグマ手法である**ＭＡＩＣ**と呼ばれるプロセスを経て、６σ基準に到達することを目指します。

　ＭＡＩＣは、Measurement（測定）、Analysis（分析）、Improvement（改善）、Control（改善定着の為の管理）という４つのフェーズの頭文字をとったものです。

### Ｍｅａｓｕｒｅｍｅｎｔ（測定）
①目標の指標化（どの指標で測るか）
②評価基準を設定（目標点数、期待点数）
③情報収集（評価基準に沿て収集）
④基礎統計処理（結果を読めるように変換・加工）

### Ａｎａｌｙｓｉｓ（分析）
①要因間の関連付け（全社最適化と部分最適化の調整）
②目標達成のための主要因分析（原因と結果の関連評価）
③コア評価（強みを生かし、弱みを補強）
④優先順位の設定

### Ｉｍｐｒｏｖｅｍｅｎｔ（改善）
①改善の組織化
②改革の方向決定
③マイルストーン設定（達成時期、評価基準、推進責任者）

④改革の実行（チャレンジ、現場の工夫）

Ｃｏｎｔｒｏｌ（改善定着の為の管理）
①レビュー（レビュー方法、タイミング、結果の数量化）
②クリティカル要因の排除（乖離度評価、資源再配分）
③改革レベルの維持（システム化、チェックポイント）
④挑戦的な計画の策定（定着、ステップバイステップ）
(参考図書『シックスシグマ』Subir Chowhury 著　丸山聡美訳　翔泳社2001年)

(2) リアルタイム
　物流現場の全作業を、無線を使って**リアルタイム**に掌握できる仕組みを実現しました。
　一つは、**計量検品カート**によるバラ種蒔仕分です。
　二つ目は、**無線ハンディターミナル（HT）**によるケース仕分システムです。
　これによって、商品・情報・作業が、**三位一体**となります。
　誰が・いつ（作業時刻）・どこで（作業工程）・何を（商品）、いくつ（数量）・どのような作業（作業内容）を行っているかを、リアルタイムでわかるようになります。計画していたことに対して、作業現場、しかも自工程内において、何が問題なのか、品質の問題なのか、生産性の問題なのが、刻々とわかるようになります。
　その上に、データとして蓄積されますので、データをどのように解析し、改善に結び付けていくかができます。その効果は、計り知れないものがあります。
　品質を向上させ、不良ゼロを図るために、物流現場・自工程内における品質不良発生時点で、リアルタイムにとらえて、速やかに解消していく仕組みが採られるようになります。
　全数検品を作業の**自工程の中**で、都度チェックできるようにしていきます。何よりも、作業者自身の手で行った作業を、その場でミスや誤差を確認し、修正できるようになります。
　生産性においても、どの工程で問題が起きているのか、遅れている工程はどこなのかが、センター内の進捗が瞬時に分かるようになります。

## 4．生産性と物流費

### 1）各国と日本の生産性

「日本経済の成長阻害要因」（マッキンゼー・グローバル・インスティチュート、2000年7月刊）に、各国の生産性が出ています。ここで言う生産性は、付加価値を労働時間で割ったものです。生産性は、経済のクオリティであり、経済成長の基本となり、国の競争力を支配し、人々の生活水準を決定づけるものであるという視点に立っています。

国全体の労働生産性は、米国を100とした時、日本は67です。資本の生産性は、日本は61です。

日本経済は、構造的に非効率で、低生産性のまま放置されていることになります。競争力や成長のポテンシャルで劣っていました。低生産性が、顕在化しなかったのは、豊富なインプットがあったからです。効率が悪くても、多くの労働力や資本を投入すれば、とりあえず産出量の水準（成長性）は維持できていましたので、成長率を見る分には、いいような気がしていたのです。

低生産性の要因は、ＧＤＰ成長率重視にあります。今後は、生産性改善の視点で、経済運営が求められます。

また、日本経済の二重構造性を指摘しています。自動車や一部エレクトロニクス、機械などの輸出製造業の生産性は、米国を100とした時に、120と高く、他の国内産業の生産性は、63と出ています。なおかつ、ここに経済活動の規模が、90％のウェイトを占めているのです。

### 2）日米の各産業における生産性の差

日米の同じ産業同士の生産性を比べますと、日本の方が、米国よりも勝っている産業部門は、四業種（輸送機械、電気機械、一次金属/鉄、化学）でした（1999年末）。その他の産業は、著しく生産性が低いという姿が出ています。日本が極端な二重構造経済と言えなくもありません。

四業種をＧＤＰ（国内総生産）の構成比でみますと20％ですし、国際的にも生産性が高いのですが、残りの業種の80％は生産性が低いことになります。

物流に関連したデータを挙げますと、航空機の単位当り営業経費(1993年)と、日米の輸送コスト（1991年）です。

前者の航空機の単位当り営業経費（1993年）は、表2-2の通りに、日本の航空会社2社の営業経費が高いことがわかります。

第2章　全在庫拠点の集約

<表2-2. 単位当り営業経費>

| 会社名 | 単位当り営業経費<br>(USセント/有効トンキロ) | 会社名 | 単位当り営業経費<br>(USセント/有効トンキロ) |
|---|---|---|---|
| 全日空 | 96.80 | アメリカン | 44.22 |
| 日本航空 | 68.33 | ノースウエスト | 39.64 |
| ルフトハンザ | 65.72 | 大韓航空 | 39.82 |
| ユナイテッド | 45.11 | シンガポール | 32.71 |

出所：ICAO, DIGEST OF STATICS, FINANCIAL DATA 1993
1＄当り為替レート：日本107円、ドイツ1.65DM、シンガポール1.60＄、韓国781W

　日米の輸送コストを比較します（表2-3）と、燃料費や高速道路料金の違いは、従来から言われている通りでしたが、米国のドライバーの年収がむしろ低いのです。

<表2-3. 日米の輸送コスト比較>

| 国 | 人件費<br>(道路貨物運送事業) | 燃料費<br>(自動車用軽油) | 高速道路利用料金<br>(大型トラック) |
|---|---|---|---|
| 日本 | 4,423千円/年<br>(100) | 65円/リットル<br>(100) | 37円/km |
| 米国 | 2,948千円/年<br>(67) | 27円/リットル<br>(41) | 大部分が無料 |

出所：人件費：日本「毎月勤労統計」、米国「Trucking and Warehousing」
　　　燃料費：日本／経済調査会、アメリカエネルギー省「Petroleum Marketing Monthly」

　20％を占める高生産性産業が、海外に出ていき、空洞化が進行しておりました。確かに、日本は、伝統的にモノを作ることは一生懸命になってやってきました。世界の生産大国であり、加工貿易立国になりました。
　しかしながら、これから先、戦略として優位性を高めていくには、日本全体の国際競争力を高めるには何をするのか、80％の低生産性の業種の活性化の為に何をするのかです。私企業としては、何をしていくのかになります。
　その鍵は、情報・物流・金の、三つの強化にあると考えています。
　モノを100単位**生産**し、100単位**販売**することは、100単位の注文という**情報**

が発生し、100単位のモノを運ぶ**物流**があり、100単位の代金回収という**カネ**の流れがあります。ここに大きな課題が残されています。

　情報・物流・金融の三つの産業は、生産性が低く、歴史的にみると、日本が不得手としてきたことではないかと思っています。今日、米国に繁栄をもたらしているのは、情報ハイウェイをベースにした情報ネットワークであり、金融です。

　物流の生産性をグローバル競争に耐えられるまでに向上させるにはどうするのか。取引を規定する価格問題を考える一方で、生産性をあげる諸問題を取り上げたいと考えておりました。

### 3）国内における他社・他業種との物流生産性比較

　物流設備に関しては、自動化設備でしたから、多額の設備投資をしていました。一方、運営に関して、輸配送費と庫内作業費を、サンプルは少ないのですが、他社・他業種と比較してみました。思ったほどには、優位差はありませんでした。日本を覆っていました低生産性は、一企業としてみても例外ではなく、低生産性であると評価しております。

（1）輸配送
① 大型車による輸送は、平均走行距離350kmでしたが、1ケース換算当り運賃で比較します（表2-4）と、ほぼ同額でした。
② 2t車クラスの小型車では、1ケース換算当り運賃で、地方（走行距離150km）は、ほぼ同額ですが、都市部（走行距離80km）は、劣っていました。

<表2-4.宅配便等物流サービスに係る内外価格差調査報告>

| 車種 | 50km | 100km | 200km | 500km |
|---|---|---|---|---|
| 2t車 | 73 | 84 | 116 | 187 |
| 4t車 | 46 | 71 | 103 | 185 |
| 10t車 | 28 | 43 | 62 | 112 |

データ出所：運輸省平成7年3月に基づき、1口単価を推計しました。

（2）庫内作業費
　対象にしましたのは、首都圏の食品卸売業です。表2-5のように、庫内作業費は、食品卸売業の方が低い結果です。但し、食品卸売業には、バラ出荷はありま

第2章　全在庫拠点の集約

せんので、ケース作業だけで比較をすると、ほぼ同額と推計されます。
また、配送費は、都市部のためか、ほぼ同額でした。

<表2-5. 首都圏の食品卸売業から量販店への物流コスト>

| 物流費 | 庫内作業費 | 配送費 | 計 |
|---|---|---|---|
| 1口当り単価 | 114円 | 101円 | 215円 |

データ出所：平成8年度物流コスト調査、日食協、1998年1月

### 4）生産性向上の基本的な考え方

（1）物流生産性と物流品質の飛躍的向上
　物流品質を向上させて、物流生産性を向上させることを検討しています。下図は、検討した時の枠組みです。

<図2-4. 物流生産性と物流品質の向上>

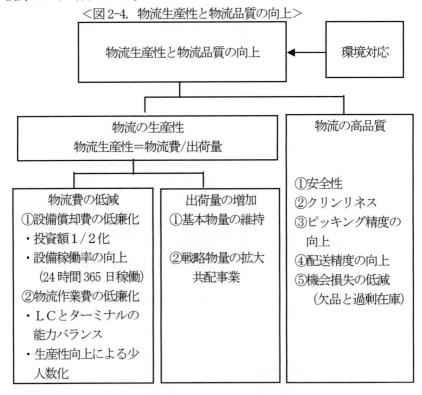

## 第3節 部門方針とその根拠

（2）物流費の何が問題であったか

① 物流費の構造

　物流費の何が問題かを検討するに当り、メーカーの工場から店舗までの物流費に係る項目を一覧にしておきます。

　検討の対象としますのは、費用所管で言えば、販売物流費です。

費用の細目について、固定費か、変動費かの区分を簡便化して記載しています（表2-6）。

<表2-6. 工場から店舗までの物流>

| 部門 | 科目 | 費用所管 | 費用の細目 | | | 固定費変動費区分 | 物流費・物量 |
|---|---|---|---|---|---|---|---|
| 工場 | 工場物流関係費 | メーカー物流費 | | | | 固定費 | |
| | | | | | | 変動費 | |
| | 積送費（工場ー物流拠点間輸送費） | | | | | 変動費 | |
| 物流拠点 | リレー費（物流拠点ーターミナル間輸送費） | 販売物流費 | | | | 変動費 | |
| | ターミナル拠点費 | | | | | 固定費 | |
| | 物流拠点経費（全在庫拠点）配送費 | | 建物・設備等償却費 | | | 固定費 | |
| | | | 運営費 | 庫内作業費 | | 変動費 | |
| | | | | 配送費 | | 変動費 | |
| | | | | 管理費 | | 固定費 | |
| | センター使用料 | | | | | 変動費 | |

② 売上の変化と物流費の変化

　売上は、商品の需要に応じて、月別にも日別にも変化します。当然、物量も、売上に応じて変化します。月別の売上と物量が、増減しているにも係わらず、月別物流費は、ほぼ定額で月別に推移していました。

　さらに、運営費の科目明細である庫内作業費も、月々に発生する費用が、ほぼ固定化していました（表2-7）。

第2章　全在庫拠点の集約

<表2-7. 物流センターの月別指数>

| 科目 | 4月 | 5月 | 6月 | 7月 | 8月 | 9月 | 10月 | 11月 | 12月 | 1月 | 2月 | 3月 |
|---|---|---|---|---|---|---|---|---|---|---|---|---|
| 売上高指数 | 88 | 93 | 102 | 118 | 100 | 104 | 90 | 111 | 147 | 62 | 78 | 106 |
| 庫内費指数 | 103 | 96 | 96 | 104 | 105 | 101 | 100 | 105 | 107 | 98 | 92 | 94 |

③　運営費の固定費構造

　配送費や庫内作業費の社員構成比をみますと、社員人件費が配送では28%、庫内作業費では45%を占めておりました。庫内作業費では、社員人件費による固定費化率が高いと言えます。社員の人件費は月額固定の給与のために、物量が増減しても、直ちに費用が増減するわけではありません。

④　自動化設備・非自動化設備の変動費と固定費

　設備化の違いで、庫内作業費の単価に違いがあるかどうかを検証しました。設備を有効に活用した作業単価にはなっていませんでした。即ち、ケースピッキング自動化拠点では、ケース作業費は明らかに低くなってしかるべきですが、意外にかかっていることがわかりました。人員過剰ではないかと、言わざるを得ませんでした。

　建物・設備等の償却資産の投資は、1996年度以降、設計方針を変えることにより、投資額を押さえ、償却資産の固定費化率を圧縮してきました。自動化拠点は、設備をいかに活用するかという視点で、リニューアルを図ることが課題でした。

　具体的には、拠点の物流設備を、次のように、転換していくことになります。

　　・**自動化**（ピック to オートマチック）
　　　　↓
　　・**半自動化**（ピック to コンベア）
　　　　↓
　　・**非自動化**（ピック to パレット）

第3節　部門方針とその根拠

　次に、設備投資という固定費を使って、いかに出荷量を挙げられるかが課題でした。この考え方が、第4節以降で書いています同一拠点内の設備を、通常の物流と共配で、共有して使うことに繋がっていきます。

（2）物流費の削減案
　固定費構造を、変動費化を図ることにしました。概念図で言えば、下図の通りです。固定費は低減し、変動費科目は、物量に連動するようにします。

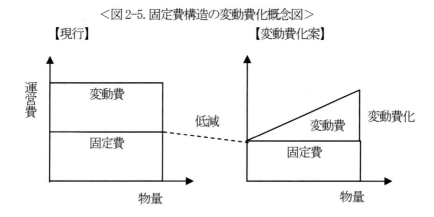

＜図2-5. 固定費構造の変動費化概念図＞

第2章　全在庫拠点の集約

　変動費化を推進するために、作業を現状の「成り行き管理」から、「計画管理」にしていきます。
・「作業工程別標準人時生産性」を設定します。
・「物量予測」による計画物量に応じた作業人時の投入をします。
就業時間に対する「稼働率の向上」と、「作業時の人時生産性の向上」を図ります（下図）。

<図2-6. 作業計画管理技術>

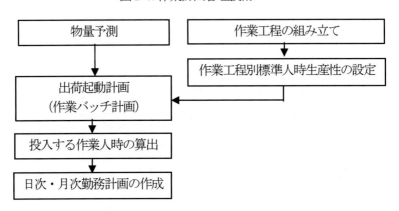

## 5）物流費

（1）物流費の構成要素
　物流センターから店舗までの物流費の構成要素としては、
　　①商品
　　②取引先との取引条件
　　③品質と生産性
　　④ノード（物流センター、ターミナル、店舗）とリンク
　の4つがあります。

① 商品
　商品は、形状・荷姿・単位により、作業量や設備設計が規定されます。
形状は、定型・不定形です。荷姿は、パレット、ケース、バラです。
単位は、数量単位として、1本（1個）、1ダース（1内箱）、1ケース（梱）、1パレット、1口等々です。
　重量単位や容積単位もあり、各々数える単位の基本となるものです。
② 取引条件
　取引条件（取引先とのサービス条件）は、買い取りなのか預け品なのか、受発注方式、受発注単位、受発注量、荷姿、発注と納品のリードタイム、届先、納品時の検品方式、返品の有無等です。
　現在は、取引条件が、違っても納入価格は同じです。
③ 品質と生産性
　品質は、取引条件とも関わります。どの品質レベルで精度を設定するかにあります。品質レベルが高ければ、取引先における検品作業が不要になる可能性がありますので、企業間のコストを低くすることが可能です。
　生産性は、商品と、取引先との取引条件を満たしたうえで、どのような作業工程を組むのか、どのような作業を行うのか、作業工程の設備化レベルによって規定されます。
④ ノードとリンク
　ノード（物流センター、ターミナル、店舗）を、どこに立地するのか、ノードを結ぶリンク（輸配送ルート）によって決まります。

## 第2章　全在庫拠点の集約

(2) 顧客満足のための設計・運営の制約条件
① 受注から店舗納品までのリードタイム
　納入側が受注してから店舗へ納品するまでのリードタイムは、物流センターから顧客の店舗又は物流センターまでの許容される時間で決まります。

**受注・納品のリードタイム＞庫内作業時間＋走行時間**

　したがって、対象となる店舗や物流センターの分布によって、在庫拠点や配送拠点の立地が決まります。現在の受注・納品のリードタイムを記しますと、下表の通りです。

<表2-8. 受注・納品のリードタイム>

| 受注 | 納品 | 受注・納品リードタイム |
|---|---|---|
| 当日 | 当日 | 3〜8時間 |
| 当日 | 翌日 | 24時間 |
| 当日 | 翌々日 | 48時間 |
| 先日付 | 当日 | 3〜7日前 |

　また、納品指定時間があります。これは、何時何分に納品しなさいという制約です。配送条件としては、厳しい制約になります。

② 受注単位
　受注単位は、設備や作業工数を規定します。
受注単位が、パレット＞ケース＞バラになるほど、作業コストは上昇しますし、投資額も上がってきます。
　設備は、出荷物量、品質、作業工数、投資額、投資メリット、EVA（economic value added、経済付加価値）により、検討します。受注単位の種類が増えるほど、設備は増えることになります。取引先と受発注単位を検討することが、設備や作業費に大きな影響があることを知っておくことです。とりもなおさず、双方の利益構造に影響を与えることを知っておくべきです。

③ ビジネスプロセスとコスト増減関係
　受注から納品に至るビジネスの過程では、さまざまな条件によって、運営されています。**ビジネスプロセス**の各過程において、どのような手段が選択されるかによって、コストは増減します。

## 第3節 部門方針とその根拠

　会社と会社の**取引条件**で、物流費が決まります。物流部門だけが、物流費を管理しているのではありません。実は、販売部門が企業間の取引条件を握っているといってもよいでしょう。

　表2-9では、ビジネスプロセスとコストの増減関係のモデルを例示しています。例示していますように、客先との取引条件次第で、納入価格の中で占める費用が大きく変わります。

　ビジネスプロセスに基づいたコスト管理をしていけば、**コストオン方式**によって、客先との取引価格の設定を、変えることができるようになるでしょう。あるいは、**メニュープライシング**の考え方を取り入れることができるようになります。メニュープライシングの使い方によりますが、物流効率が最もいい買い手が、最も安い価格で商品を提供できます。

　現在のように納入価格の中に納入側の経費が入っており、何をどのように変えると良いのか不透明な価格体系から、納入価格の見直しの機運が起きると良いと考えております。

&lt;表2-9. ビジネスプロセスとコスト増減&gt;

| ビジネスプロセス | | コスト増減表 | | | |
|---|---|---|---|---|---|
| | | 高 → | | | 低 |
| 商品 | | 預かり在庫 | | | 買い取り在庫 |
| 受注 | 方法 | 手入力 | セールス受注 | EOS | 自動発注 |
| | 時期 | 随時受注 | | | 予約受注 |
| | リードタイム | 時間指定 | 当日中 | 翌日 | 翌日以降 |
| | 単位 | バラ・内箱 | ケース | パレット | 車単位 |
| ピッキング | | バラ・内箱 | ケース | | パレット |
| 配送 | 形態 | 自社配送 | | | 引取 |
| | 届先 | 消費者直送 | 店舗 | | 物流センター |
| | 荷姿 | オリコン | ケース | カゴ車 | パレット | 車単位 |
| 検品 | | 単品検品 | | | 口数検品 |
| 返品 | | 有 | | | 無 |

## 5．制約条件の理論（ＴＯＣ）

　部門方針で掲げたことを具体化していくために、在庫削減、品質、生産性につきまして、どういう点に着目してきたかを、本節で検討してきました。最後に、「**制約条件の理論（ＴＯＣ：theory of constrains）**」について触れておきます。

　1990年代前半に、ゴールドラット博士（イスラエル、物理学者）は、ＴＯＣを提唱しました。それは、「工場の生産性は、ボトルネック工程の能力以上は、絶対に向上しない」という原理です。生産工程と資材工程を、ネック工程に同期させるように生産すれば、生産性が飛躍的に高まり、在庫と仕掛が劇的に減少することを実証しました。

　ＴＯＣでは、営利企業の目的を「現在から将来に亘って、儲け続けること」と規定しています。したがって、ＴＯＣは、個別改善のツールではなく、現在から将来に亘って儲けるという目的達成のために、会社組織全体の中で、どこに・どのように注目すればよいかを教えてくれる、経営のしくみを変革するツールです。

　論理性を持った改善、即ち「知的改善」が大切ですし、論理的な活動展開の方法を導入すべきです。

　ＴＯＣの特徴であるボトルネック（制約条件）、スループット会計、方針制約、思考プロセスについて、『ＴＯＣ戦略マネジメント』加藤・竹之内・村上共著を参考にして、概略を紹介します。

### １）ボトルネック（制約条件）とは

　**ボトルネック**とは、生産工場の場合、能力の一番低い工程・設備であり、その工程の前は、処理待ちの材料や仕掛在庫が溜まっていることを指します。

　ＴＯＣでは、生産工場の例のように、純粋に能力が不足している状態を「**物理的制約**」と呼びます。また、マネジメント上のボトルネックにつきましては「**方針制約**」として着目しています。

　受注から原材料入手、生産、納入、請求、入金という個々の活動が、鎖の輪の一つひとつに相当すると考えれば、企業やサプライチェーン全体の収益力は、「**鎖全体の強度**」として捉えることができます。

　そして、「鎖全体の強度」は、**もっとも弱い輪の強度と等しく**なります。企業やサプライチェーンの生み出す利益は、もっとも能力の低い活動に制約されます。

儲けるためには、もっとも弱い鎖の輪を探し出し、強化すればよいことになります。それ以外の輪をいくら強くしても利益には貢献しないのです。

## 2) スループット会計／現在から将来に亘って儲け続けることとは

**スループット会計**は、キャッシュフローを最大にするための方法論です。

**スループット**とは、製品1個の売価から原材料を引いたものです。製品を1個多く販売すれば、スループット分だけ利益が増加します。企業全体の利益は、全製品のスループット総額から全体の固定費を引いて残った額になります。このように考えれば、企業利益の最大化は、スループットの最大化と等しいことがわかります。

TOCでは、「金を儲ける」ことは、以下の3つの条件を満たせば、達成できるとしています。
①**スループット**（製品1個毎の売価から原材料を引いたもの）を増大させます。
②**総投資**（設備や原材料、棚卸等の投資）を低減します。
③**固定費**（原材料費以外の総経費、人件費も含む）を低減します。
以上の①～③は、実行する順序です。

総投資や固定費は、ゼロ以下には低減できませんが、スループットの増大は、売上も対象になりますので、理論的な限界はないことになります。

## 3) 物理的制約から方針制約へ

物理的制約条件は、既存の改善手法も総動員して、最適と思われる手段で解消を行い、利益最大化を実現します。基本は下記に挙げる改善の5ステップです。
「TOCの改善の5ステップ」
　ステップ①　制約条件を見つけます
　ステップ②　制約条件を徹底的に活用します
　ステップ③　制約条件以外を制約条件に従属させます
　ステップ④　制約条件の能力を向上させます
　ステップ⑤　惰性に注意しながら繰り返します

**ステップ①**では、スループット向上を伴わない安易な改善を否定し、制約条件になっていることを見つけます。

**ステップ②**に挙げていますのは、既存の経営資源を、最後の一滴まで余すところなく使い切ることです。その根底には、次の事実があります。

一つは、ネック工程といえどもさまざまな要因で、現実には能力を100％発揮していません。

二つ目は、ネック工程が休止するコストは、工程単体の休止コストにとどまらず、サプライチェーン全体の産出スループットを低下させています。

ネック工程自体の改善は、制約条件工程に隠れた生産能力を引き出すことを要求しています。

**ステップ③**、工程内の仕掛在庫を最小限にし、生産スピードを向上させるために、先頭の資材投入工程をネック工程の生産スピードに同期させ、コントロールします。さらに、ネック工程の前だけには、さまざまな生産の揺らぎからネック工程を守るために計画的な在庫（バッファー）を設置します。

ネック工程以外は、稼働率100％を目標にする考え方をやめて、「仕事が来たらすぐやる、来なければ待っている、休んでいる」と考えて、ネック工程と先頭の投入工程だけを重点的に管理します。これにより、全行程を管理することなしに、ボトルネック工程の徹底活用とそれ以外の工程を完全に従わせることが実現できます。

**ステップ④**、ここまできても、ネック工程が解消されない場合、始めて投資を伴った改善を実施し、ネック工程の能力を向上させるのです。これが、DBR（ドラム・バッファー・ロープ※）の基本的な考えであり、全体最適化を実現するスケジューリングの基本原理です。TOCを導入した企業の多くが、この活動だけで、総経費や投資を増やさずに、30％以上スループットが向上したと報告しています。

こうした活動を進めていけば、ボトルネックは、工場から、仕組み、決まりや評価指標といったマネジメント問題（方針制約）か、生産能力が需要を上回った状態（市場制約）に移行します。

収益を最大限にするためには、生産部門の改善と並行して、方針制約の解消と、市場拡大の手法が、何としても必要ということになります。

注 ※DBR：兵士の行進や、ボーイスカウトがハイキングで行進する時のマネジメントツールにドラムやロープが使われます。ボトルネックになる人を先頭に持ってきて、その人の速度に後続する人の速度を従属させる（同期化）ためにロープを使います。これによって行進の広がり（仕掛在庫）を防止します。

## 4）思考プロセス／論理的思考によるブレイクスルー

　企業には、活動をコントロールする為に、さまざまな仕組みや方針が定められています。これらが、問題の元凶になると、複数の部門が複雑に絡み合い、物理的制約より、はるかに深刻な影響を及ぼすことになります。このようなマネジメント上の問題（**方針制約**）に対処し、市場を拡大する為の戦略的なアイディアを抽出する為に、開発された手法が、**思考プロセス**（ＴＰ：thinking process）です。

　思考プロセスは、変化を起こし、実行に移す系統的な手法です。変化を実現する為に、
　「何を変えればよいか」
　「どのような姿に現状を変えればよいか」
　「どうやって変化を起こせばよいか」
という問題解決を行うために、5つのステップ（「ＴＯＣの改善の5ステップ」を参照）と、ツールが用意されています。これにより、根深い対立にある複雑な問題に対して、妥協ではないブレイクスルー案を考え、確実に実行することができます。

　私たちが日常ぶつかる問題は、さまざまな事実や要因が有機的に結びついて、引き起こされています。つまり、問題の本質を追求する為には、ある要因を遡り、原因を追究し、問題相互の関連を理解しない限り、根本的な解決策は見つかりません。そういった問題は、ごく少数の中核的な要因に起因し、これが解決できれば、現実の問題のほとんどが解決できるのです。

　**思考プロセス**では、これらの要因を「現状問題構造ツリー」で分析します。
　中核的な要因の解決実行を阻害する対立に焦点を当てて、解消に結びつけます。
　解決へのシナリオは、実行ステップとその障害を明確にして、組織の中で問題解決を確実に実行することができるのです。

　日本人は、一人ひとりがその持ち場で仕事を確実にこなしていることには、長けています。反面、会社全体を見渡してどこに集中すればよいのか、どのようにすれば全体最適化ができるのかという視点で考える経験が不足しています。
　責任の所在が不明で、意思決定のプロセスがあいまいになりがちな日本企業にとって、このような系統だった問題解決ステップの実践は、問題解決への明確な道筋を与えることができます。

# 第2章　全在庫拠点の集約

## 第4節　物流拠点再編

　客先である小売業の動きや、ロジスティクス部門の方針から検討されたのが、「物流拠点の再編計画」です。第1章で記述しました物流設備自動化のレビューを活かすことになりました。

### 1．物流拠点の再編計画案

#### 1）計画案の概要

①対象年度は1997年から1999年までです。
②再編計画の骨子は、
　第一が、首都圏の出荷能力の強化と、地方の拠点集約による合理化です。
- 全在庫拠点の集約を図ります。これによって、
    - 在庫量削減と欠品の防止
    - 積送費の削減
- バラピッキング作業拠点の集約と、バラピッキング作業費の削減を図ります。
- フロントターミナル化を図り、物量上位60%アイテムの在庫分散を図ります。これによって、次の課題を改善します。
    - 物量波動への対応
    - 設備投資額の抑制
    - 積送費・リレー費の削減

　第二が、共同配送事業の推進です。
- 詳細は、第3章で述べます。

第2章　全在庫拠点の集約

③計画案で検討されましたのは、目的にしたがって、首都圏の出荷能力の強化と、地方の拠点集約を図るために、首都圏に1ヶ所、地方5ヶ所に物流センターを建設することにしました。

　近畿圏と中国地方は、それぞれの事情により、3ヶ年計画案から外しました。その後、表2-1（64頁）にありますように、集約化しています。

<表2-10.　物流拠点集約3ヶ年計画>

| 計画された物流拠点名 || 目的 | 建設完工 |
|---|---|---|---|
| 首都圏 | 沼南（千葉県） | 家庭品LC、ターミナル統廃合<br>共配事業 | 98/9 |
| | 埼玉（埼玉県） | 家庭品LC、ターミナル統廃合<br>共配事業 | 共配の見込がないので、計画中止 |
| 石狩（北海道） || 家庭品LC、ターミナル統廃合<br>共配事業 | 99/4 |
| 仙台（宮城県） || 家庭品LC、ターミナル統廃合<br>共配事業 | 98/8 |
| 更埴（長野県） || 家庭品LC、ターミナル統廃合 | 98/3 |
| 日進（愛知県） || 家庭品ターミナル統廃合<br>共配事業 | 98/5 |
| 北九州（北九州市） || 家庭品LC、ターミナル統廃合<br>共配事業、九州工場閉鎖対応 | 00/10 |

## 2）物流拠点や物流設備の考え方

① 拠点立地

LCとターミナルに機能を分担させます。

広域LCの集約は、在庫や庫内作業の集約を図るものです。

ターミナル（フロント型とスルー型）は分散配置をして、配送拠点を適度に分散させています。大量出荷品は、フロントターミナルに在庫します。いずれも、物流費のローコスト化を目的としています。

② 物流設備

・花王と共配の設備共用を図り、設備稼働率を向上させて、償却費の早期回収を図ろうとしています。

・設備化する評価尺度として、設備化による効果（メリット）が、設備償却費を上回り、営業利益がでることを条件としています（EVA：economic value added、経済付加価値を参照）。堺LCの投資の反省からです。

・設備化する付加価値として、部門別荷揃え機能を新たに開発します。
また、入荷から出荷までの物流品質保証、具体的な指標としては、バラピッキングのミス率を10万分の1にする設備開発と運用を考えております。

・物流技術のプラットホーム化
現在保有している技術を地図化してみることです。技術を、縦に深堀するよりは、横に広げる方が利益になります。家庭品で開発された技術を共配に転用したり、共配用に開発した技術を家庭品に応用したりしています。

③ 建屋

・建屋と物流設備の分離設計と施工を考えました。
共配事業の推進から、建屋があれば、顧客の要求に早期に対応できることからです。

・設計・施工として、標準設計によるローコスト化を図ります。
運営時の費用（冷暖房費、電気代等）や、建物維持費のローコスト化を図ります。

④ 取扱商品

・花王商品及び、常温帯商品（トイレタリーと加工食品）を新たに追加し、1千アイテムから、2万アイテムへ飛躍する考えを取り始めました。

以上の考え方は、従来から進めていましたことの継承と、新たな取り組みをして実現していくことになります。

第2章　全在庫拠点の集約

## 2．物流拠点のコンセプト

　「物流拠点再編計画」の骨子を支えるのが、物流拠点を設計する上でのコンセプトです。一部、「物流拠点や物流設備の考え方」と重複しています。

① **物流サービスの向上**を図ります。
　・部門別（売場）荷揃え機能を、新たに取り組むことにしました。
② センター入荷から店舗までの**物流品質保証**を徹底します。
　・商品破損なし
　・ピッキングミスなし
　・配送ミスなし
　・ひも付（商品－オリコン－配送車－店舗の関連付け）して、どの商品がどこにあるのか、どこに届けるのか等がわかるようにします。
　・客先とのＥＤＩ（electronic data interchange）対応のシステム化
　・客先ノー検品対応（ピッキングの精度等を上げることによって可能になります）。ここでいうノー検品は、オリコンに入っている単品の検品を止めることです。納品先での口数検品は継続して行います。ドライバーによる誤納・誤配がないかどうかを確認するためです。
③ 投資と運営の**トータルコストを低廉化**します。
　・昼間時間の有効活用を図るために、受注時点随時ピッキングを採用します。
　・コストが把握できる情報システムを構築します。具体的には、設備生産性と人時生産性を算出できるようにしました。
④ **年間365日・24時間安定フル稼働**を実現します。
　・高信頼性を追求したマテハン設備と情報システムにします。
⑤ **家庭品物流と共配物流の設備共用化**を図ります
　・取扱品目数の無制限対応を実現する設備にします。
　・多形態や多種品目への対応を図ります。
　・出荷波動に対応できる設備・運営設計にします。

　この計画案策定を通じて、物流コスト構造改革に取り組むことになりました。物流費を固定費と変動費に分け、各々の改革を図ることになりました。固定費であれば、資産を対象に倉庫費や保管費、設備費、情報システム費と人件費を取り組んでおります。変動費では、庫内作業費と配送費です。

また、在庫削減は、拠点を集約することで、寄与することになりました。
　従来の物流技術のコンピュータ化は、自動化を前提にしていましたので、制御システムを中心にした設備を稼働することに力が入っていました。今回から、**運営のシステム化**に目を向け始めました。

第2章　全在庫拠点の集約

## 3．物流拠点作りの考え方

コンセプトを基に、物流拠点設計に当りました。
一つは、工場から小売業・ユーザーまでの**社内物流の統合**を図ることです。従来は事業毎に物流拠点が分散していました。商物分離を基に、家庭品、業務品、情報事業、化粧品の各事業の物流拠点を統合することなります（情報事業は、その後、事業から撤退しています）。
二つ目が、**共同配送事業の推進**であり、その物流拠点構築です。

「物流拠点作りの基本戦略」を図式化しますと、下図の通りです。

<図2-7. 物流拠点の概念図>

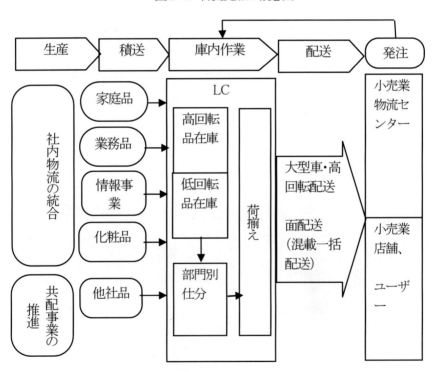

注．社内物流と共配事業が同一拠点内にありましても、情報システムは、各々別体系のシステムを構築して、運営しております。

## 4．物流センター作りにおける建物

　部門方針である「ハイクオリティ・ローコストの実現」において、建築費も例外ではありません。多くの物流拠点を建設していく時に、投資としては、建築費は大きなウェイトを占めます。「物流近代化5か年計画」(1970年)で、拠点整備に180億円要することを思い起こしていただけるとわかるかと思います。
　物流センターの建物の考え方としては、
・建物は、効率的なスペース設計
・機能は、運営しやすい建物設計
・環境は、人、商品、設備への適切な環境作り
・リスクは、地震や火災への安全確保
・コストは、ローコスト建築の実現です。

　具体的な目標は、建築投資費用を従来の建築費の半分以下にすることでしたし、実現しました。
　その為に、倉庫の工事別割合分析から、鉄骨工事の構造シミュレーションを行い、最適な鉄骨所要量を計算しています。
　外装材等の材料は、耐用年数と経済性から見直しています。
　物流センターの基本である「床」は、土間工法は採用せず、構造スラブ方式を採用することにしております。

<図2-8. 物流センターの外形比較>

多層階　（自動化センター）　　　　　二階建て　（非自動化センター）

　　　坂出LC　　　　　　　　　　　　　仙台センター

## 5．物流センターの技術開発の方向

### 1）技術開発の方向

仕分、在庫、温度帯等について、概略をまとめますと、
① 仕分機能
　従来は、自社1,500アイテムの仕分を目途にしていました。
　今回は、家庭品と共配事業とを同じ物流拠点内で運営することにしていましたので、他社品を含む2～3万アイテムの仕分を目途にしています。
　納品先が、総量仕分型センターや、店別通過型センターにも対応できるようにしました。
② 在庫機能
　従来は、自社品のみでした。
　今回は、小売業の在庫センターは、基本的には対象にはしていませんが、小売業各社のPB等の買い取り在庫は対象としています。
③ 温度帯
　従来通りに、常温を前提としています。チルド・冷蔵・冷凍は対象外です。

以上から、総量のピース仕分技術を開発することになりました。
　一つ目が、ピースソーターを使用する方式の採用です。
　二つ目が、カートマネジメントシステム（CMS、計量検品カート）の自社独自開発です。
　ケースに関しては、ケースソーターを使った方式を採用しました。
　荷揃え機能として、ケースとオリコンを客先別に荷揃えできるＲＩＯＳ（random input output system、立体仕分機）を開発導入しました。部門別店別仕分、配送逆順積込、ケースとバラの分離ピッキングを目指す設備です。

　CMS（cart management system、計量検品カート）やＲＩＯＳを始めとして技術開発やシステム開発を行っています。物流技術の開発は、自社独自の仕組みだけではなく、市場に公開されている技術を大幅に取り入れることにしました。開発時の試作やテスト、更には保守を考えると、1社独自を貫くと、技術維持の為に相当額の費用が掛かると判断しています。独自技術の保守にも悩まされておりました。もちろん、保守の仕方にも人材育成も含めて新しい考え方や方式を作

りました。自社で使う設備開発を行うだけではなく、その設備なり、システムを市場に公開して、競争力のある技術開発をするべきだと考えております。本当に良い技術であれば、市場は支持をするでしょうし、普及します。普及すれば、開発に協力してくれたメーカーも発展します。

２）物流センターの機能フロー

技術開発の方向を設計に当り、物流機能フローにしたのが、下図です。

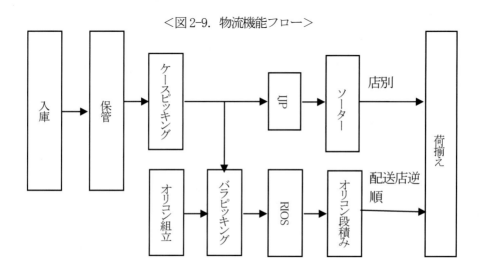

＜図2-9．物流機能フロー＞

注1．IJP：ink jet printer の略。ケースソーターにケースを流しますと、ＳＣＭバーコードと二次仕分内容を印刷しています。

注2．RIOS：random input output system の略。部門別に商品を切り出すことや、バラ作業をケース作業と同期化せずに行うことができ、オリコンを配送店逆順に切り出すのに使っておりました。

３）沼南センターの機能フロー

物流機能フローを、沼南センターを例にとって書いたのが、図2-10の機能フロー図です。

第2章　全在庫拠点の集約

<図2-10. 沼南センターの機能フロー>

① ケースピッキング

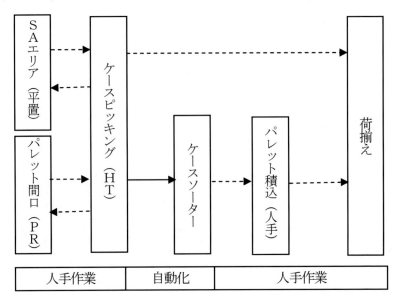

② バラピッキング

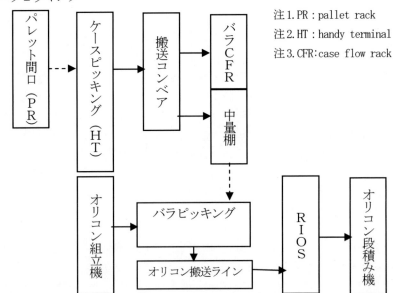

注1. PR : pallet rack
注2. HT : handy terminal
注3. CFR : case flow rack

## 4）設備の比較

<表 2-11. 設備比較>

| 機能 | 今回 | 従来 |
|---|---|---|
| 保管・出荷機能 | SA品を平置き若しくはパレットフローラックを採用しています。上位20品で、出荷物量40%、在庫22%ですので、出荷瞬発力が大きく、投資コストが小さい設備にしています。 | 全品自動倉庫クレーン台数で入出荷能力が制約されます。 |
| ケースピッキング | パレットラックとコンベヤによる人手ピッキングを採用しました。出荷時にバーコードチェックをします。物量・品種数に応じてフレキシブルに運用できます。増員により出荷能力を変えられます。投資コストが小さい。 | 自動倉庫が前提です。自動面単位デパレ＋面未満端数自動調整をします。設備能力は一定で、オペレーションに高度な技術が必要です。 |
| バラピッキング | ピースソーターを採用しました。投入時JANコードチェックをします。品種数に制限がなく、ピッキング精度が10万分1ありました。 | デジタルピッキング。間口数に品種制限があります。ピッキング精度は1万分1。出荷時に欠け山チェックをします。 |
| RIOS | 部門別店別仕分、配送逆順積込、ケースとバラの分離ピッキングを目指していました。 | なし。 |

## 5）ケース自動化設備との比較フロー

　堺LC等でのケース自動化設備と、沼南センターや仙台センターのケース設備機能フローを比較しておきます。上段が、自動化設備フロー（ピックtoオートマチック）、下段が、ケースソーターを使った半自動化設備フロー（ピックtoコンベア）です。
　商品が、対象事業を広げたのに伴い多品種になりますので、ケースピッキングはすべて無線ハンディ（HT）を使った手作業です。

第2章　全在庫拠点の集約

<図2-11. 自動化と半自動化の比較フロー>

ケース自動化フロー

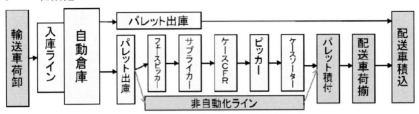

ケース半自動フロー

### 6）投資から見る

物流拠点投資に関して、ピック to コンベアのセンターを例にとって、計画した内容を検証してみます。

（1）ピック to コンベア型センターの投資目的
　・既存LCが抱えていたターミナル集約
　・既存LCの出荷能力補完
　・共配事業の取り込み
　・業務品LCの取り込み

　以上の目的は、起案時の考えをすべて取り入れて計画されています。即ち、
　・首都圏の配送拠点（ターミナル）は、ピック to コンベア型センターが稼働しますと、現状17か所から、10ヶ所へと集約されます。
　・既存LCで不足していた出荷・保管能力や、大型車両の駐車スペースを外部に賃借していましたが、解消できます。
　・共配事業は、数社を取り込んでいます。
　・業務品物流センターを取り込んで稼働することになります。

（2）投資内容
　土地8,000坪：国道16号線沿いの為か、かなり高額な購入額でした。
　建物：3階建て、延床面積7,200坪
　　坪当り建設費20万円台になりましたので、従来よりも大幅にコストダウンができました。その後も建築費の低廉化は進め、その後に建設した物流センターの坪当り建築費は、20万円を切ることができました。
　設備・システム関連費
　　同一の出荷量を基準にして、自動化拠点の設備投資額と比較しますと、約半額になっています。

（3）投資効果
　投資が、経営収支に貢献したかどうかを見ます。同一規模の物流センターにおける予算との比較では、年間のメリット額は、家庭品関連で数億円です。
削減された主要な科目を見ますと、投資目的で考えた通りに、
　　・リレー費が集約効果で削減
　　・外部に借りていました営業倉庫費の集約効果で削減
　　・配送費の削減です。
従って、固定費と変動費ともに、低廉化しました。
共配事業からの利益も、設備共有から収支改善に寄与することになりました。

第2章　全在庫拠点の集約

## 第5節　リスクマネジメント

　1995年1月17日の阪神・淡路大震災以降、リスクマネジメントについて、事業の継続性から、ＢＣＰ（business continuity plan）が検討されています。
　企業を取り巻くリスクとしては、「社会リスク（政治・経済・社会）」、「経営リスク（製品・環境・雇用・法務・資産投資・マーケティング・信用等）」、「事故、自然災害リスク」の三つに大別されます。
　この中で、「事故や自然災害リスク」を想定した時の、リスクマネジメントを対象にして、物流部門でのあり方を述べます。

### 1．物流センターのリスクには何があるのか

　リスクの発生を、計画的に回避できるのか否かで、二つに大別できます。
　・回避が不可能なことに属することには、次のことがあります。
　　　天災（地震、台風、水害、落雷等）
　　　事故（停電、火災、コンピュータウィルス、交通事故、労働災害、盗難等）
　・回避可能なことに法律上のこと等があります。

　これらを一覧にして、リスク回避のために、実施したことを書いておきます（次頁）。

第2章　全在庫拠点の集約

<表2-12. リスク回避の為の実施事項>

| リスク回避可能か | リスク発生事項 | リスク回避のための実施事項 |
|---|---|---|
| 不可避 | 天災<br>・地震<br>・台風<br>・水害<br>・落雷 | 耐震構造建設（新耐震基準：震度6以上）<br>建物の強度設計・建設<br>立地選定（川、湖、海岸等は避ける）<br>避雷針設置 |
| | 事故<br>・停電<br>・火災<br>・情報セキュリティ<br>・交通事故<br>・労災事故<br>・盗難 | 自家発電機の設置<br>耐火建築、消防施設、消防訓練、保険の付保<br>ウィルスセキュリティ<br><br>安全運転教育、保険の付保<br>安全設計、安全教育、保険の付保<br>セキュリティの契約、保険の付保 |
| 可能 | 法律 | 適法な手続き<br>　・土地：用途<br>　・建物：建築基準法、消防法<br>　・製品：危険物、医薬品、食品<br>　・ノウハウ：著作権、特許等<br>　・作業：資格取得（衛生管理者、危険物取扱主任、<br>　　　　　　フォーク免許、はい作業等）<br>　・環境：適法（騒音、日照、電波等）<br>　・産廃：資格 |
| | 建物 | 設計段階からリスク発生を想定した対策<br>定期メンテナンス（耐用年数と保守コストを考えた設計） |
| | 物流設備<br>・コンピュータ<br>・物流設備<br>・物流制御機 | 設計段階からリスク発生を想定した対策<br>定期メンテナンス<br>コンピュータのハード及びOS製造中止に伴うソフト継承対策 |

第5節　リスクマネジメント

## ２．リスクマネジメントの目的

　ロジスティクス部門のリスクマネジメントとして、3つを考えています。
① 出荷責任
　日常生活に欠かせない商品を、年間１億個、日当り３２０千個出荷しておりました。その社会的な責任です。災害時に不可欠な商品の供給が企業としてあります。
② 資産管理責任
　出荷の為に、土地、建物、設備等の維持並びに、商品の在庫管理責任です。
③ 安全管理責任
　ロジスティクス部門及び、ロジスティクス会社と関連会社の従業員の安全管理があります。

## 3．物流の仕組みとリスクマネジメントの課題

### 1）情報システムで物の流れを制御

　受注から出荷まで情報システムで、物の流れが制御されています。本社ホスト、販社ホスト、物流コンピュータ、物流機器サーバー等です。
　したがって、情報システムやネットワークの機能停止に対する対策が不可欠です。
　表2-13にありますように、情報システムは一体モノですので、上位のハードウェア等に障害が起きますと、下位のシステムは上位システムの影響を受けて、止まってしまいます。
　課題としては、次の通りです。
・本社ホストと販社ホストの二重化・ノンストップ化を図ります。
・物流コンピュータの二重化・ノンストップ化を図ります。
・NTT回線にバックアップ回線を用意することです。

<表2-13.　物流機器構成とトラブル発生源・影響箇所>

| 発生源 | 箇所数 | 影響箇所 | | | | | | |
|---|---|---|---|---|---|---|---|---|
| | | 本社ホスト | 販社ホスト | 回線 | 物流コンピュータ | 物流機器サーバー | 物流機器の制御器 | 物流機器 |
| 本社ホスト | 1 | × | → | | | | | |
| 販社ホスト | 1 | ○ | × | → | | | | |
| 電話回線 | 1 | ○ | ○ | × | → | | | |
| 物流コンピュータ | 拠点毎 | ○ | ○ | ○ | × | → | | |
| 物流機器サーバー | 拠点毎 | ○ | ○ | ○ | ○ | × | → | |
| 物流機器の制御器 | | ○ | ○ | ○ | ○ | ○ | × | → |
| 物流機器 | | ○ | ○ | ○ | ○ | ○ | ○ | ○ |

第5節　リスクマネジメント

## 2）物流拠点が分散

　物流拠点が、全国３３箇所に分散していました（2001年7月当時）。
　課題としては、天災等の大事故によっては、物流拠点からの出荷が、停止しますので、代替出荷拠点の確保を検討することになりました。

## 3）リスク対応

　地震が発生した場合には、
　・電気、水道、電話回線等のインフラが、止まります。
　・従業員の出退勤や、作業の安全確保が必要です。
　・客先への配送が、困難になります。
　・設備面での影響は、自動倉庫から商品落下により自動倉庫の機能が停止
　　します。

　自動倉庫での、震度６弱時の商品落下確率は、ラック15～16段目（高さ23～28m）が、ほぼ１００％落下しますので、ケース出荷が不可能となり、関連してバラ出荷も出荷ができなくなります。
　復旧日数は、
　　・阪神大震災（1995年1月17日）　　落下率６．５％、30日
　　・安芸灘震災（2001年3月24日）　　落下率２．０％、3日
　安芸灘地震で復旧日数が短かったのは、阪神大震災の経験からパレット落下防止装置を設置しておりました。自動倉庫内の商品の落下率は、２％に留まりました。
　震災直後に、何よりも優先したのが、自動倉庫内の落下品の片づけと清掃です。商品によっては、酸性のモノや、アルカリ性のモノがありますので、片付け作業にも安全面から注意が必要です。

第2章　全在庫拠点の集約

## 4．物流拠点のトラブル発生状況の調査と評価

　トラブル対応の為に、物流拠点毎に調査と評価を、次の手順で行いました。

### 1）物流拠点毎のトラブル停止時間と対応能力の調査

　拠点毎に、過去に実際に発生した「トラブル停止時間」と、「対応能力」をまとめます。
　「対応能力」の評価として、A, B, Cの三段階で行いました。
　A：自拠点で24時間以内の対応が可能
　　　＝ピーク時庫内作業時間＋トラブル時間
　B：他物流センター応援で可能
　　　＝自センターピーク時庫内作業時間＋応援センターピーク時庫内作業時間
　C：現状では出荷不可

　この調査結果、
　首都圏全体の出荷能力では、川崎LC、岩槻LCに課題がありました。
　近畿圏全体の出荷能力では、堺LCに全近畿を賄うには出荷能力に問題でありました。

### 2）物流拠点別の設備リスク評価

　評価としては、「設備の故障率」と、経験的に掴んでいた「コンピュータ及び物流設備トラブルリスク」を3段階で評価しました。
　設備自動化拠点は、設備のトラブル削減と、保全（メンテナンス）を強化することにしました。

## 5．リスクマネジメントから見た対策

### 1）3つの対策

　「物流拠点のトラブル発生状況の調査と評価」の結果から、物流拠点間の相互代替機能の強化、情報システムやネットワークの強化、首都圏と近畿圏の設備能力を上げることにしました。
　具体的には、
① 物流拠点間の相互代替機能の強化
　　物流拠点間の相互代替機能の強化には、まず、庫内情報システムの統一化を図った上で、行いました。
② 情報システムやネットワークの強化
　　A. 販社ホストのノンストップマシンへの移行を図りました。
　　B. 物流コンピュータの二重化を図っています。
　　C. NTT回線のダウンに備えて、バックアップ回線を引くことにしました。
③ 設備能力（出荷能力）不足に対して拠点の新設
　　首都圏及び近畿圏に新センターを建設して、出荷能力を上げることを計画しました。

### 2）情報システム対策

　情報システムと物流拠点とは、不即不離の関係にあります。物流拠点の相互代替機能を持たせようと思うと、結局は、販社ホストを始め、物流コンピュータまでのソフトの設計思想を変えざるを得ませんでした。
　1972年に導入されたミニコンピュータ（販売と物流が一体）が基本になっております。長きに亘って販売と物流が一対一の関係で作られていました。1986年に新販社システムが導入された時も、コンピュータは大型のホストマシンになりましたが、販売と物流に関するソフトは、依然としてミニコンピュータで作られたソフトを、基本的には継承していたといえるでしょう。物流拠点に設置した物流コンピュータは、大型ホストマシンのメーカーのミニコンピュータ（S36）を使っています。そのためか、拠点を超えた出荷をする時は、複雑な構造になっていました。
　どこからでも瞬時に出荷できるようにするために、情報システムの基本から直すことになりました。データベースやネットワークの技術、そしてハードウェアも進化して

いましたので、可能だったともいえます。

　何よりもソフトウェアの改革を進めたメンバーが、結集してソフト（アプリケーション、データベース）の一新を図りました。また、システム担当と物流技術担当が、連携して計画を進めております。

　メンバーと考えたのは、データベースに取り込む項目の見直しです。項目の一つひとつについて、新規登録、追加、修正がないかどうかまで、細部に亘り検討しています。生データを大事にすることを徹底しました。

　「**神は細部に宿る**」を心掛けておりました。エンジニアリングの基本ではないかと考えております。

# 第6節　リスクと物流拠点再編

## 1．首都圏・近畿圏のリスク対応拠点の建設

### 1）首都圏・近畿圏の拠点とリスク対応拠点の建設

　首都圏には、川崎LC、岩槻LC、沼南センター、多摩センターの4拠点がありました。いずれの拠点も他拠点の代替をできるほどではありませんでした。
　同様に、近畿圏も、堺LC、京都DC、交野DC、西宮DC、泉北DC、加古川拠点がありました。しかし、堺LCを代替できる拠点はありませんでした。
　したがって、首都圏と近畿圏ともに、新センターを建設して、相互にバックアップできるようにしました。
　出荷拠点の決定は、リスク発生時に迅速に対応するために、物流拠点側で決定できるようにしております。
即ち、商品単位や納品先単位で出荷物流拠点を設定可能にしています。また、1伝票の受注に対して、複数物流拠点からの出荷を可能にしています。

<図2-12．代替出荷案>

首都圏

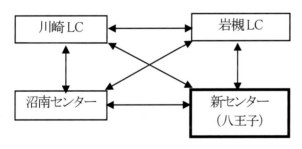

近畿圏

<図2-13. 八王子センター外観図>

【建物仕様】
敷地面積：9,397坪
建物：4階建て
延床面積：8,852坪
　1階床面積：2,939坪（事務所等含む）
　2階床面積：2,939坪（事務所等含む）
　3階床面積：1,184坪（事務所等含む）
　4階床面積：1,790坪
稼働年：2003年3月
出荷物量：912万口/年（2014年）

## 2）リスクマネジメントを考慮した情報システム・拠点・設備の一新

①環境要件

　マネジメントを行う際に、変化への対応をどのように考えるかは、重要なことです。

　小売業のセンター納品化は、大手の小売業各社は、ほぼ完了していました。堺LCの自動化設備への反省から、あらたな設備を模索しておりました。
その上に、リスクマネジメント問題に取り組む状況になっていました。

②高品質

　品質面では、高品質の証として6σ（シックスシグマ）を目指しております。

③ローコスト化

　コスト面では、ローコスト化を目指し、固定費（設備と建屋の償却費）と変動費を、大幅に下げることを模索しております。

　固定費では、堺LCを100とすると、新センターでは28を目指します。

　変動費でも、2000年を100とすると、2003年には85にする計画で進んでいます。

④コンセプト

　以上の①環境要件、②高品質、③ローコスト化を考えると、

　「**単純化**」を、コンセプトのキーワードにしました。
情報システム、拠点、設備と、組織の在りようを、単純化することにしました。
　　・情報システムの集約と二重化
　　・拠点の集約（全在庫拠点33箇所を20箇所にします）
　　・設備の基本機能化

## 3）情報システムの集約と二重化

（1）物流ホスト

代替拠点からの出荷をするためには、既存の受注・出荷の機能では即時対応が難しくなっていました。在庫DB（database）が三元管理（本社ホスト、販社ホスト、物流コンピュータ）されていました。それら受注・在庫・出荷のDBを一元化して、全社で共有化できるようにしました。リスクマネジメントを行うために、全社的な情報システムまで見直すことになりました。

物流ホストの設計としては、商物分離を前提にして、
　①オープン化
　②即時処理化（リアルタイム化）
　③ノンストップオペレーション
を基本としています。

①オープン化では、情報データを1箇所のサーバーに集め、共有データベース化をしています。
②即時処理化（リアルタイム化）では、役割に応じた処理をそれぞれの責任で停滞することなく進めることにより、顧客の要求に対して、スピーディな受注回答、納品を可能にします。

リアルタイムの項目としては、在庫データ、受注とASNデータ処理、顧客問合せを対象としています。受注と出荷は、各々をモジュール化して、客先対応や拠点対応がやりやすいようにしています。
③ノンストップオペレーションの為には、24時間365日のノンストップ運用を確立する為のハードウェアを導入することにしています。
販社ホストと、物流ホストの双方が、バックアップを図れるようにしています。

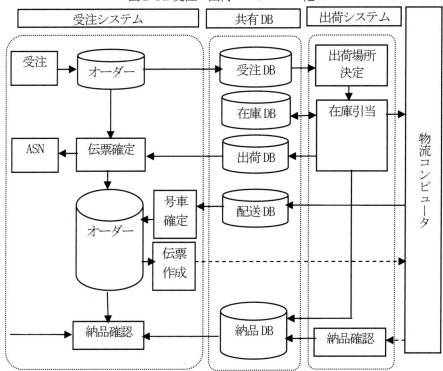

<図2-14. 受注・出荷のモジュール化>

（2）物流コンピュータの設計

　拠点毎のアプリケーションの統一を図り、拠点相互間の代替ができるようにしています。なぜかと言えば、一見何でもない処理のように見えることでも、日常業務の積み重なりの中で、拠点毎にカスタマイズされて、開発グループには報告されていないこともありました。それらを統一していくことになりました。

　ネットワークの高速化を図り、拠点毎に分散していた物流コンピュータ９８台を、２箇所４台の設置に集約しています。バックアップの為に、二重化を図り、リスク対応を行いました（図2-15）。

第2章　全在庫拠点の集約

<図2-15．情報システム構成図>

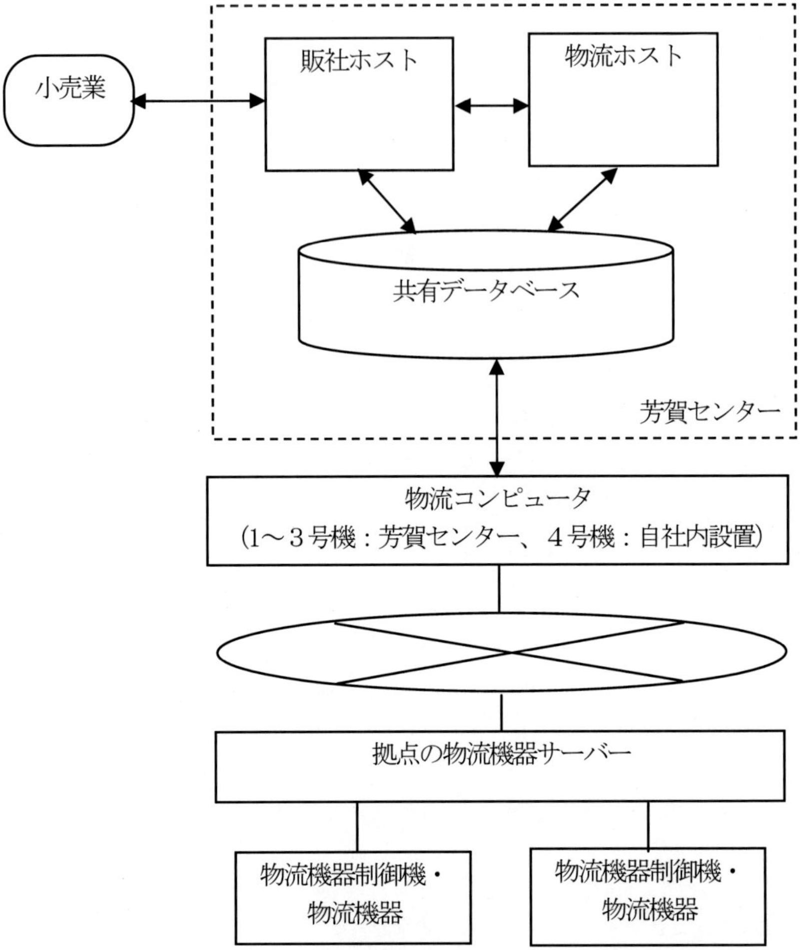

```
                ┌─────────────────────────────────────┐
                │    ┌─────────┐      ┌─────────┐    │
     ┌───────┐  │    │販社ホスト│←───→│物流ホスト│    │
     │小売業 │←─┼───→│         │      │         │    │
     └───────┘  │    └────┬────┘      └────┬────┘    │
                │         ↓                ↓         │
                │        ╭──────────────────╮       │
                │       (   共有データベース  )      │
                │        ╰──────────────────╯       │
                │                 ↑         芳賀センター│
                └─────────────────┼───────────────────┘
                                  ↓
                  ┌─────────────────────────────────┐
                  │         物流コンピュータ          │
                  │(1～3号機：芳賀センター、4号機：自社内設置)│
                  └─────────────────────────────────┘
                                  ╳
                  ┌─────────────────────────────────┐
                  │        拠点の物流機器サーバー       │
                  └─────────────────────────────────┘
                         │                    │
                ┌────────┴─────┐      ┌──────┴───────┐
                │物流機器制御機・│      │物流機器制御機・│
                │  物流機器    │      │   物流機器    │
                └──────────────┘      └──────────────┘
```

（3）拠点の制御機
　制御に使われていますサーバーも、二重化若しくは、同一機種を用意してコールドスタンバイ方式を採用しています。

## 4）全在庫拠点と配送拠点の集約

　拠点のカバーエリアの考え方
①前提：受注・納品リードタイムの検証
　物流拠点と客先のセンター、若しくは店舗との間の「受注・納品リードタイム」を満足します。庫内作業時間と走行時間の和が、受注・納品リードタイムよりも小さくなることです。
　　（受注・納品リードタイム＞庫内作業時間＋走行時間）

②全在庫拠点と配送拠点の配置拠点シミュレーション
　配送シミュレータで、物流拠点と、センター若しくは店舗間の輸送時間の最小化を図りました。即ち、車両の台時最小モデル解で設定しています。台時最小とは、できるだけ走行しないようにすることです。
　シミュレーションには、実際の納品先別物量と、納品時刻を使用しております。配送半径は、首都圏・近畿圏が、３５Km圏、地方は７０Km圏で設定して、シミュレーションしています。

③集約拠点数
　**全在庫拠点２１箇所**と、配送拠点３８箇所（フロントターミナル２０箇所、スルーターミナル１８箇所）、計５９箇所に集約しました。
　更に、１年後に配送拠点を２９箇所にして、計５０箇所に計画し直しました。

## 5）設備設計の考え方

　設備は、リスクを想定して、**基本機能**のみを設備化しました。基本機能の設備化をする上で、運営生産性は十分に検討したうえで決めております。コンベアを例にとりますと、ケースをピッキングした時に、コンベアに投入と取り出しを行いますので、双方に人を配置することになります。人がピッキングして、荷揃え場所まで持っていくこととは、双方とも運営生産性は変わりません。
この考え方を取ったために、自動倉庫や、RIOS等の設備化は取りやめております。また、設備に搬送ラインとしてコンベヤを設置しておりません。
対象とした新設拠点は、八王子、尼崎、米子東、新潟、青森です。

第2章　全在庫拠点の集約

設備の基本機能を一覧にしておきます。

<表2-14.　設備の基本機能>

| 機能 | | | 設備 | 技術的な特徴 | |
|---|---|---|---|---|---|
| | | | | **高品質** | **ローコスト化** |
| 庫内 | 保管 | | 平置き、パレットラック | ①品質レベル：6σ<br>②全棚管理、ロケーション管理、ロット管理<br>③数量検品：<br>　-ケース：間口の前残・後残チェック<br>　-バラ：計量検品<br>④商品行先追跡ラベル | ①計画によるマネジメント<br>庫内作業計画システムによる物量予測、投入総人時算出、作業計画作成<br>②作業指示型システムの導入 |
| | 入荷・格納 | | 無線ハンディターミナル（HT） | | |
| | 仕分 | ケース | 無線HT | | |
| | | バラ摘み取り | ・計量検品カートピッキング<br>・デジタルピッキング | | |
| 配送 | | | 車両 | ①納品品質保証システムの導入<br>②GPS搭載 | ③配送シミュレーションによる配送最適コース計画 |

## （2）計画によるマネジメント

「**計画によるマネジメント**」において、なぜ「計画性」を重要視しているのでしょうか。成り行きではなく、未来を予測して行動することが大切だからです。これは、ジョン・ロック（英、哲学者、1632〜1704）の考えをヒントにしています。彼の考えは、次のようにまとめられます。

人間を自然状態と考えます。つまり、社会に関することをすべて切り捨た状態に「ある」と考え、身分も特権も一切ないと考えます。人間に「ある」のは、自らの「身体」、「生命」、「自由」と、「予測能力」です。自然状態における人間と、他の動物との決定的な違いは、「**未来を予測して行動**」できる点です。

社会的な諸要素をすべて剥ぎ取られた状態においても、人間は自らの身体と生命を駆使して労働し、糧を得ます。しかも、現在の刹那的欲求のみならず、将来にわたる欲求を予測して、労働の成果、即ち、物や富を最大化しようとします。

人間は、将来の欲求を見越して行動できるだけではありません。その効用や、将来にわたる幸福の度合いを計算できます。

最近では、ナシーム・ニコラス・タレブが、『ブラック・スワン』の中で、なぜ私達は予測をし計画を立てようとするのかに対して、人間の性分にあるといっています。**計画性は人間の人間たる部分**、つまり意識に組み込まれているといっています。

物流部門に携わる管理者には、マネジメント能力として、
・計画を作成する能力、
・計画を基に組織を統合して業務を遂行する能力、
・結果を分析して、問題点を明確にする能力が必要です。

計画が作成できると、**明日の状態**が思い描けます。計画ができるということは、諸資源（人、車、設備等）の投入が適切になり、コストを制御できるようになります。

第2章　全在庫拠点の集約

## 2．電源対策と自家発電

　リスク対策に関して、第5節の中で、「3．物流の仕組みとリスクマネジメントの課題」の項で、電源問題を取り上げています。
　停電になれば、コンピュータは、サーバー等に接続していますＵＰＳ（uninterruptible power supply、無停電電源装置）によって、ある程度の時間は稼働しますが、1日中、電気を供給することはできません。
　一方、地震発生は、枚挙に遑がありません。例えば、2003年から2004年にかけて、2003年5月26日宮城県沖地震、7月26日宮城県北部地震、7月27日日本海北部地震、9月26日十勝沖地震、2004年10月23日新潟県中越地震等が、発生しています。
　その都度、各地で停電問題を抱えることになります。

　その為に、自家発電機を各物流センターに設置していくことになりました。物流センター毎に、最大電力実績月を調べて、発電機容量を決めました。2003年から2004年にかけて、各物流センター自家発電を設置していきました。
　2011年3月11日発生の東日本大震災の時には、首都圏で東電による計画停電がありましたが、物流拠点毎の自家発電機が、威力を発揮したかと思います。

　リスク対応の難しさは、いつ発生するかわからない天災や事故に対処することにあります。勢い発生を想定する規模の大小で、投資の大小が決まります。
　投資するとなると、費用にこそなりますが、利益にはなりません。数々の疑問の声が出ますが、やはり備えはしておくべきです。

## 3．設備設計の事例

### 1）八王子センターに見る庫内ピッキングと配送の特長

庫内ピッキングと配送において、3つの特徴があります。
①ケースピッキングを無線ハンディターミナル（HT）で高効率ピッキングシステムにしております。
②コンピュータによる配送計画とHTを使用した出荷・納品保証を実現しております。
③設備としては、搬送用のコンベヤを設置しておりません。但し、空段ボールの回収ラインは、人が運ぶよりも有利ですので、設置しています。

### 2）ケースピッキングを無線HTでシステム化

無線により、入荷・在庫・ピッキング・荷揃え・積込までの全工程の作業を、リアルタイムで指示し、作業者の作業実態を捕捉し、計画型の仕事をできるようにしております。この仕組みを作るに当り、全作業の作業定義を行いました。作業計画に沿って指示が出て、庫内運営ができ、かつ低コスト化を図っています。

（1）品質保証：誤出荷率 "3.4／100万" の実現
　モノを取り扱う単位や搬送単位で、どこからどこに行くのか明らかになるように、モノを取り扱う単位にラベルを貼付して、場所と数量を確認しています。
①入荷・格納時
　・入荷検品異常時の対応を明確にしました。
　・ロットナンバー管理対応をできるようにしています。
　・ケースの迷子や誤格納防止の為に、格納カゴ車ラベルや格納先ラベルを発行して、ケースに貼付しています。
②ピッキング
　・ピッキングミス防止の為に、パレットラベルと摘み取りラベルや、数量確認をします。
　・種蒔ミス防止の為に、種蒔前後でロケーションバーコードを二重チェックして種蒔先のロケーション確認をしています。

③積込
- 積込防止の為に、荷揃え完了ラベルによる積込確認をしています。
- カート仕分後のオリコン積込ミス防止の為に、オリコンパレットラベルによる確認をしています。

(2) 作業人員適正化
①計画段階
- 計画段階から、作業者人数を計画しています。シフト勤務予定入力時に計画総人時をオーバーした場合はアラームを出します。
    - 作業定義マスター
    - 作業者マスター
    - 作業者投入制約条件マスター
    - シフト別勤務予定者マスター

②実施段階
- ピッキング場所に、入退場する時に「氏名コード」をスキャンします。これによって、ピッキング仕分作業の人数把握と計画時の勤務計画と照合をしています。
- 事務的な固定作業を制限する為に、固定作業を実施する時は、マネジャーの許可制にしています。

(3) 生産性の向上／時速3,000ケースの実現
- 作業時間を最小化します。その為に、
    - リアル在庫管理によるバッチ並行処理ができるようにしています。
    - 作業マネジメントシステムによって作業者を最適配置しています。
- 上流工程と下流工程の流量を一定化しています。そのために、作業マネジメントシステムによって下流での作業待ちを防止しています。

(4) システム信頼性の向上／ノンストップシステムの実現
- ピッキングCPU、作業マネジメントCPU、ゲートウェイ（GW）CPUを、クラスター構成にして、相互待機システムにしています。これによって、異常時にも継続運用ができるようにしています。

## 3）システム構成図

　八王子センターで採用したシステム構成は、作業マネジメント CPU と、ピッキング CPU を機能の中心にしており、その点が従来とは異なっています。

<図 2-16. システム構成図>

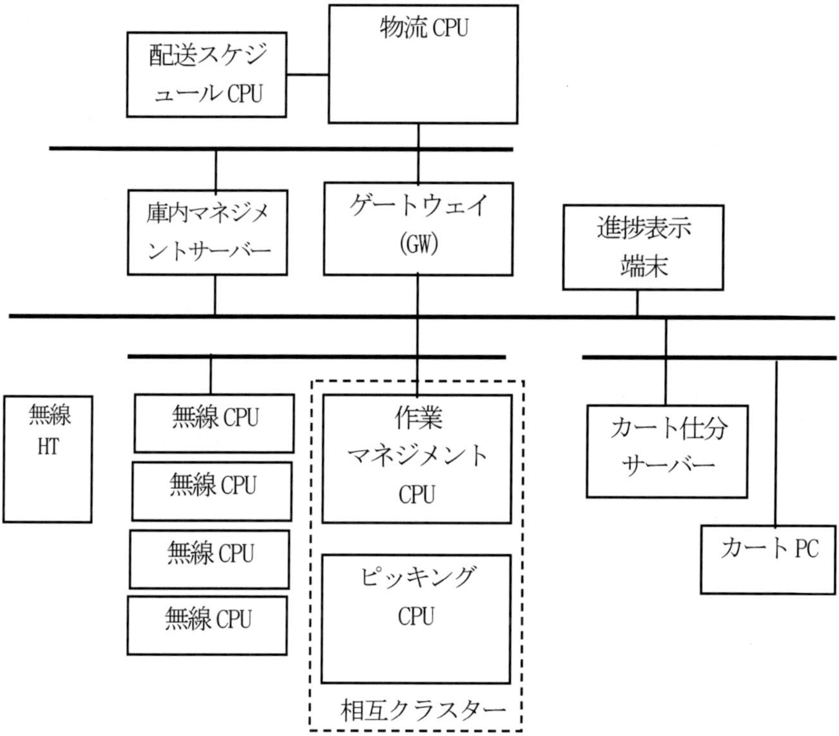

```
                    ┌─────────┐
     ┌─────────┐   │ 物流 CPU │
     │配送スケジ │───│         │
     │ュール CPU │   └────┬────┘
     └────┬────┘        │
          │              │
     ┌────┴────┐    ┌───┴─────┐    ┌─────────┐
     │庫内マネジ│    │ゲートウェイ│    │進捗表示 │
     │メントサー│    │  (GW)   │    │ 端末    │
     │バー     │    │         │    │         │
     └─────────┘    └─────────┘    └────┬────┘
                                          │
  ┌────┐ ┌─────┐  ┌ ─ ─ ─ ─ ─ ┐     ┌───┴─────┐
  │無線│ │無線CPU│ │ ┌───────┐ │     │カート仕分│
  │ HT │ └─────┘  │ │ 作業  │ │     │サーバー  │
  └────┘ ┌─────┐  │ │マネジメント│ │     └────┬────┘
         │無線CPU│ │ │ CPU   │ │          │
         └─────┘  │ └───────┘ │     ┌────┴────┐
         ┌─────┐  │           │     │カート PC │
         │無線CPU│ │ ┌───────┐ │     └─────────┘
         └─────┘  │ │ピッキング│ │
         ┌─────┐  │ │ CPU   │ │
         │無線CPU│ │ └───────┘ │
         └─────┘  │ 相互クラスター│
                  └ ─ ─ ─ ─ ─ ─┘
```

　注1. CPU：central processing unit 中央処理装置、中央演算処理装置。コンピュータの中心部で、計算などのデータ処理や入出力などの全体的なコントロールを行う装置。ここでは、コンピュータの意味で表記しています。
　注2. PC：personal computer パソコンの略。

## 4）納品品質保証システム

　納品品質保証システムは、庫内システムや配送スケジューラと連携して、無線HTにより、積込、リレー、納品・回収までの配送全工程の品質の向上を図るものです。
目的と、その対策とした仕組みをまとめておきます。
（1）出荷・納品の品質保証
　①出荷・積込時の品質向上を図ります。
　　　配送及びリレー出荷時の積込ミスを防止するために、納品物毎にユニーク化した「**荷番ラベル**」によって、届先と納品物を1：1の関係にして、積込検品を行います。
　　　対象は、ケース、オリコン、カゴ車、T11パレットの全てです。
　②店舗納品・センター納品時の品質向上を図ります。
　　　配送納品時に、HTで荷番ラベルをスキャンして納品検品を行います。
　③リレー積込時の品質向上を図ります。
（2）センター納品仕分の品質保証
　①店別仕分の精度の向上：店別仕分ミス防止の為に、**ケース仕分半券ラベル**による店別仕分を行います。
　②店別カゴ車の積み付け内容証明：ケース半券ラベル及びオリコンラベルによるカゴ車紐付をします。
（3）空パレットや空オリコンの回収管理
　①ＪＰＲや自社パレットの回収率向上：HTに回収パレットの入力をして、回収実績を収集します。
　②オリコン回収率向上：届け先別貸出数の受払管理を行います。
（4）混載同送・逆物流（持ち戻り・返品）の実績管理
　①化粧品や業務品の混載同送実態掌握行います。
　②持ち戻り品の再配送実態掌握行います。
　③持ち戻り品実績掌握行います。
　④返品回収の実績掌握行います。
　　　以上については、HTで届け先と口数を入力して同送納品証明及び返品回収証明データの提供を行います。また、HTで届け先、持ち戻り要因、品名コード、数量を入力して、持ち戻り要因分析用データを提供します。

## 5）八王子のレイアウト

①階毎の面積と用途
1階（2,939坪）は、入荷エリア、大量出荷のSAランクの間口と、荷揃えエリアです。
2階（2,939坪）は、パレットラックが設置されており、ケースの保管エリアです。
3階（1,184坪）は、商品センター（返品処理）です。
4階（1,790坪）は、パレットラック（主にバラ出荷するアイテムの保管用）と、計量検品カート仕分エリアです。計量検品カート仕分エリアは、総量ピッキングされたケースをバラ仕分します。
②上下搬送は、昇降機によります。
③危険物倉庫（300坪）は、別棟です。

## 6）庫内機能フロー

シンプルな庫内機能フローにしています。

<図2-17. 庫内機能フロー>

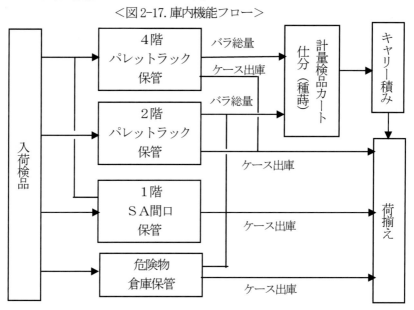

## 4．設備の変遷

### 1）設備設計の考え方の変化

物流設備自動化拠点から始まって、3世代に亘る物流拠点及び物流設備と情報システムの変遷を書いてきました。下図は、ケース設備の変遷を表しています。自動化設備を手作業にしていった過程です。各過程を象徴的にした言葉が、自動化は**ピック to オートマチック**、半自動化は**ピック to コンベア**、非自動化は**ピック to パレット**です。

<図2-18. ケース設備比較>

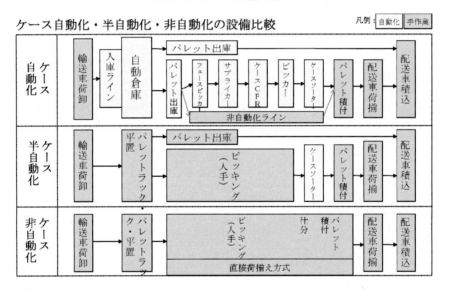

### 2）拠点集約

拠点集約は、計画通りにすることができました。確かに物流費の点では成果を上げることができ、生産性は飛躍的にあがりました。

忘れてはならないことに、拠点の集約に伴い、拠点を配送拠点に用途変更、また、拠点閉鎖や工場・拠点間輸送をやめました。日頃、お世話になっている多くの従業員や運送会社には、多大な心労を与えました。

技術的な視点で見ますと、八王子センターのようにケース非自動化は、作業が手作業となっており、あたかも自動化拠点前史に戻っているように見えます。実際には、拠点の規模においても、運用のシステム化のレベルにおいても、品質

の向上や、コスト構造等は大きく変り、改善されています。拠点の規模が大きくても、静かな環境で、仕事が行われているはずです。

### 3）情報システムとIoT

情報システムとしては、リアルタイムで人の動きや設備の動きを捉えております。今日に繋がる設計思想として、IoT（internet of things、すべてのものがインターネットに繋がる）に取り組んでいました。工場の設備と違って、物流の設備は、制御の考え方があり、設備そのものに、ソフトを組み込むという考え方をしております。モノの流れを設備として制御しますことから一歩進めて、物流現場すべての動き、中でも人の動きをリアルタイムで掴むことを行いました。

マネジメント・サイクルを回す上では、計画を組むことから始まります。作業進捗を、計画に対して設備稼働や人の動きを刻々掌握できる仕組みにしております（下図）。

<図2-19. IoTと物流システム>

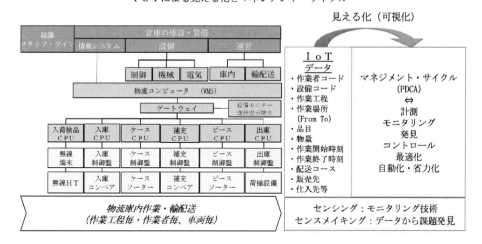

リアルタイムで収集された**データ**（今日的な言い方ではビッグデータ）がありますので、複雑に関係するデータを使って、**作業の最適化**になるようなソフト開発をすることや、**人工知能**（AI:artificial intelligence）の開発に向かっていくことができればと考えております。

第2章　全在庫拠点の集約

## 4）設備投資

　自動化設備の最大の効果は、作業費である変動費の最小化にあります。投資は、回収できて始めて経営上意味があります。半自動化設備や非自動化設備の開発は、投資という固定費の回収と、変動費のバランスを考えた結果でもあります。過大過ぎる投資で回収に苦しむことにならないようにすることです。利益がでるようにするためには、設備投資という固定費を最大限活用できるようにすることです。そのための鍵は、出荷数量が握っています。おわかりのように、少量では設備化する方は、いないでしょう。

　経験的に、具体的な投資額と費用のバランスを比較できるようにしたのが、下表です。1口当たりの固定費と変動費を合算した時に、コストが最小化することができることです。さて、どの方式を取ることでしょうか。当時は、非自動化設備方式が、明らかに最小のコストでした。設計する時に、全体構想を投資を含めて考えておくことでしょう。

<表2-15. 設備投資比較表>

| 設備投資比較項目 | | 自動化設備 | 半自動化設備 | 非自動化設備 |
|---|---|---|---|---|
| 年間出荷物量（M. 口数） | | | | |
| 設備投資 | A. 投資額 | | | |
| | B. 設備償却費（A÷償却年数） | | | |
| 維持経費 | C. 年間の設備修繕費・保守要員人件費 | | | |
| 1口当り固定費 | D. 設備償却費（B÷M） | | | |
| | E. 年間維持経費（C÷M） | | | |
| | F. 固定費計（D+E） | | | |
| 1口当り変動費 | G. 年間庫内作業費 | | | |
| | H. 1口当り庫内作業費（G÷M） | | | |
| 計（F+H） | | | | |

　これから先、労働人口が減少していく中で、物流現場ではなおのこと、自動化を避けて通れません。優れた自動化技術の開発や設備投資の回収の上に立って、設備技術の開発を進めることでしょう。くれぐれも技術原理と投資の回収効果については、検討し尽くすことです。

## 第7節　その後の事例

　中央物産で、2009年7月に稼働しました久喜センターでも同様に、「脱コンベヤ」を試みています。同社は、業界先駆けて、自動倉庫、ピースソーター、ケースソーター、積み付けロボット等の導入に代表されますように、物流の設備化を図ってきておりました。物流においても先進的な考え方をする企業です。
　同年10月に行いました施設見学会の記者会見時に、発表したコンセプトは、3つあります。
① **人知**：久喜センターは、人の知恵で動かす物流センターとして、脱"機械化"、脱"コンベヤ化"しました。
② **環境**：エコロジーはエコノミーに通じます。
③ **品質**：限りなくシックスシグマ（6σ）の品質を目指します。

　コンセプトを具体化する為に、仕組みとしては、入荷した商品の入庫間口を指定したり、荷揃えする場所を直接指定したりする方式を採用しています。コンピュータで、リアルタイムで入庫する間口や荷揃えする場所を指定していますので、できることです。
　**入庫間口指定方式**は、入荷した商品を保管する為に、無線で格納指示を出し、ケースに格納先ラベルを貼付して指定間口に入庫します。
　**直接荷揃え方式**は、ケースやオリコンに荷揃え先ラベルを貼付して、指定の荷揃え場所に客先・店別・カテゴリー別に荷揃えします。
　日立製WMS（warehouse management system）を、リアルタイム系のWMSに改修して、久喜センターでは使用しました。

　久喜センターの規模は、敷地面積6,836坪、建物地上3階建て、延べ床面積8,676坪です。保管能力は、200千ケース、出荷能力は、500万ケースです。保管していますアイテム数は、2万SKU（stock keeping unit）です。
　久喜センターの外観図と鳥瞰図を示しておきます(次頁)。

第2章　全在庫拠点の集約

<図2-20.　久喜センターの外観図と鳥瞰図／1階〜3階>

**久喜センター概観写真**

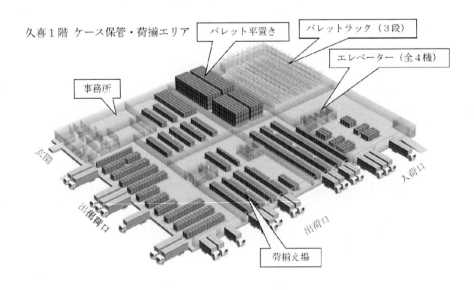

第7節　その後の事例

久喜2階 ケース保管・仕分エリア

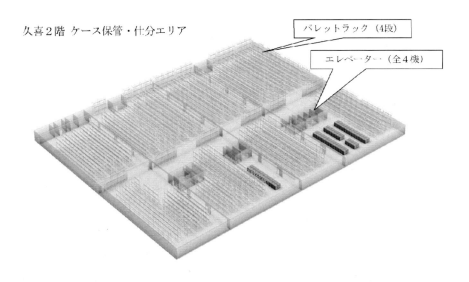

久喜3階 ピース保管・仕分エリア

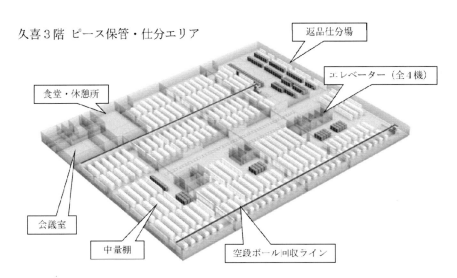

# 第2章　全在庫拠点の集約

# 第3章
# 共同配送事業

第 3 章　共同配送事業

## 第1節　物流会社設立

### 1. 物流会社設立

　花王(株)は、1996年7月1日、ニュースリリースとして、「共同物流を目指す花王システム物流(株)の設立」を発表しました。以下、公表された記事を転載します。

　「花王株式会社（社長・常盤文克）では、小売業と共同で新しい物流システムを開発して、物流品質の向上とコストダウンを目指す「花王システム物流株式会社」を設立したことをお知らせ致します。
　当社の物流は、花王製品のみを専用車で各店舗までお届けすることを原則とする、クローズドなものでした。
　しかし、このロジスティクスを囲む環境は大きく変わってきており、小売業の物流に対する要請が顕在化してきました。特に、物流サービスの要請においては、店舗レベルでのローコストオペレーションの追求における定時納品、売場別納品や納品精度といったものがあります。
　これらの要請を含めて、当社では小売業と共同で総合的に取り組むことによって、相互メリットが追求できるのでないかと考えています。
　その一環として、このたび新会社「花王システム物流株式会社」を設立し、花王製品のみを運ぶロジスティクスから他社製品も一緒に運ぶロジスティクスへと脱皮を図り、情報システムとリンクさせ、工場から売場までトータルな物流オペレーションの仕組みを開発して、陳列補充の簡素化など経済合理性を最大限に追求していきたいと考えています。
　なお、この会社は企画・開発・営業などの利用運送事業を行い、実際の庫内作業及び配送は各地の花王ロジスティクス会社が担当します。」

　以下の節で、花王システム物流株式会社（KSBと略します）の共同配送事業についてまとめておきます。

第3章　共同配送事業

## 2．共同配送のスタート

　「洗剤日用品粧報（1997年1月1日付）」が、イトーヨーカ堂と花王システム物流の共同配送事業に関して、花王忌部副社長に取材したことを掲載しています。以下、記事にしたがって、転載しておきます。
　「このほど、イトーヨーカ堂の共配センターに代わって、花王システム物流が共同配送を引き受けることになった。行政当局にも届け出て、許可をもらった上で行うものであり、そうであればメーカー資本であれ、卸店資本であれ、どんな資本形態でも物流業に参入する自由は当然あるものということを理解してもらいたい。
　流通業を取り巻く環境は、よくボーダーレス化現象といわれるが、これが物流にも当てはまるようになってきた。一つは業種のボーダーレス化で、トイレタリーや食品、化粧品といった業種の壁がなくなりつつある。もう一つは、製配販3層のボーダーレス化が出てきている。しかし、それぞれが対立するのではなく、横のつながりにおいて共同で取り組んでいく方が、トータルな面で効率化が図れる。
　一方で、小売業から効率化の要請もでているが、納品の精度を上げて販売機会の損失を防ぐことが前提になる。また、ある店舗に対して定時に一括納品すること。それで、検品にしても、棚補充にしても、最もローコストオペレーションに繋がる。さらに進んで売場別に品揃えして配送してほしいという要請もある。しかも、できるだけ安い物流費でということである。これらの要請に応えていくためには、二つの方法があると思う。
　まず、小売業を中心に考えられるセンター物流である。
　もう一つは、ベンダーなどの既存業者の場所を使って共配センターを作ること。いずれも備蓄型とスルー型があるが、一括して店舗に配送できる仕組みである。ただ、設備への投資や既存設備の利用といったことを考えると、スルー型の方がいいのではないかということで、こちらが主流になっていくのではないか。
　花王販社では、原則として当社製品を単独で各店へ配送してきたが、先に要請が強まっている精度の向上、ローコスト化についてはこれまでも行うことができたが、一括納品という点では、花王製品だけでは限界が出てきた。また、センター物流が小売業主導で行われているが、業界全体としてもっと新しい方法を考えていく必要があると思う。全国的に見て、現在は数社で約10％がセンター経由で流れている。東京は2割近いはずだ。いずれにしても、高いといわれる日本の物

流費のなかで、それぞれがローコスト化に取り組んだ結果、そうした要請も出てくるわけで、我々も自社製品しか運ばないという方法を改め、共同配送を行うことが業界全体のために貢献できるものと判断した。そうしたことで、各小売店にも提案したが、今回はイトーヨーカ堂の賛同を得て、実験的ながら両社で様々な計画を練っている。

　その内容だが、あくまで物流だけであって商流は関係ない。各店舗からチェーン本部を通じて共配センターとベンダーに発注され、それぞれのベンダーは発注に基づいて、(今回の対象となる) 32 店舗トータルした数量をピッキングして、共配センターに配送する。そして共配センターで店舗別のピッキングを行い、それぞれ配送する。できれば、発注されてから配送まで 24 時間で行いたい。そこで必要なデータは、各店別の発注数量のみである。また、完全スルー型であるため、在庫は 1 日分のみとなる。検品は、最終的には店舗で行う。正確なピッキングによって実績を作れば、ノー検品も可能になってこようが、緊張感を保つためには当初は検品が必要だろう。

　ところで、情報が漏れるのではないかと懸念する声もあるが、24 時間前に発注情報しか入ってこない。それとメーカーには守秘義務があり企業としての漏洩はあり得ないと確信している。」

　なお、「日本商業新聞　平成 9 年 1 月 1 日付」、「石鹸日用品新報　1997 年 1 月 8 日付」にも同様の記事が掲載されています。

## 3．各店納品からセンター納品の経緯

### 1）物流原則「各店納品」とマーケティング

　当時の物流原則は、「各店納品」でした。
　花王は、商品を全国津々浦々に至るまで、消費者にお届けする為に、メーカーでありながら、販社を設立し、小売業への販売とともに、納品を自らの手で行うことを、経営の是としていました。
　マーケティングの考えとも一致しています。消費者と商品の接点は、小売店の売り場にこそあります。どのように宣伝広告を打とうとも、小売店の売り場に、配荷し、陳列しなければ、広告の効果は消費者の購買行動には表れません。マーケティングする上では、まず、配荷と陳列にあります（図3-1）。小売店への配荷を具体化するのが、販売の商談であり、物流の「各店納品」だったのです。販売と物流が、車の両輪に例えられる所以です。

<図3-1. マーケティング概念図>

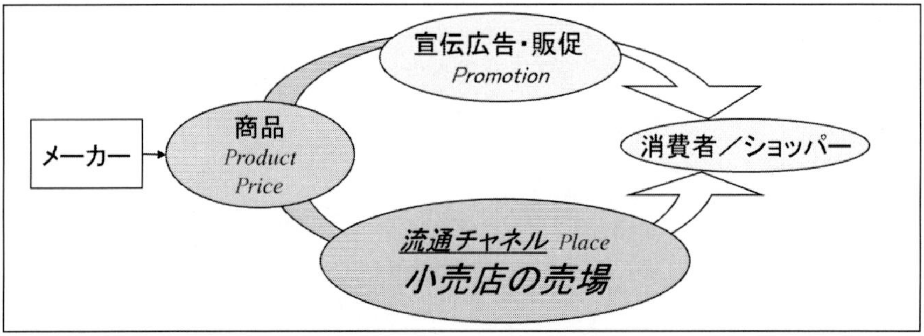

　その為に、「物流近代化5ヶ年計画」（第1章第1節）を始めとして、店舗に直接納品する物流拠点作りを行ってきました。即ち、「**各店納品**」が、物流の基本にありました。
　この方式は、日用品業界では異質な事でした。伝統的なサプライチェーン（SCM）としては、下図（3-2）のように、花王は、かつて、卸売業を代理店として販売していました。販社設立後、販社が、小売業との販売と物流を担うことになりました。

## 第1節　物流会社設立

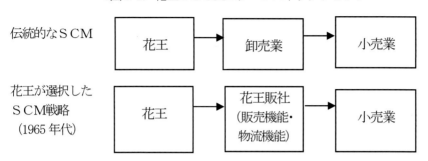

＜図3-2．花王のＳＣＭのデコンストラクション＞

注．デコンストラクション
　物流は、単独で機能しているわけではなく、事業のバリューチェーンの中で、位置づけられます。販社作りを行い、商品を販売すること（商流）と、届けること（物流）を、メーカーが自前でやっていくことにしました。この自前で、生産・販売・物流を事業構造にする変革を解く言葉が、「デコンストラクション」です。
　デコンストラクションは、哲学の用語で「脱構築」を意味します。従来のモノの考え方や見方を変えて、これまでとは異なった意味を見出すことです。ビジネスに当てはめると、従来の事業構造を、今までとは異なる視点でとらえ直し、新しい事業構造を創り出すことです。例えば、マイケル・ポーターは、「バリューチェーン」という概念を使って、自社の事業を見直すことを、提唱しています。

### 2）小売業の巨大化と自ら調達物流

（1）物流センター納品要請
　1985年代になると、チェーンストアから自社設置の物流センターに納品するようにとの要請がくるようになりました。
　これは、花王にとって、各店納品を是としてやってきたことへの自己否定に繋がることと、受け止められていました。物流の原則でした「各店納品」や、物流投資の否定になるからです。従って、花王は、小売業のセンター納品要請をお断りしておりました。
　1990年6月が、転機になったかと思いますが、1990年代になりますと、一部小売業とセンター納品の試行が始まりました（図3-3）。

第3章　共同配送事業

　同じ頃、山崎製パンやコカコーラ等が、全国の得意先店舗に直接お届けする物流体制にしておりました。物流体制を自前で全国に亘って整えてきた企業が、「各店納品」に拘っていました。
　1995年度には、センター納品をしている企業数は102社、センター数は217センター、その傘下の店舗数は14,351店でした。支払っていましたセンター使用料は、対売上高比で0.17％だったかと思います。

<図3-3. 花王の原則と置かれた立場>

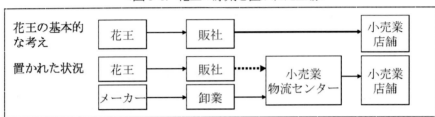

（2）なぜ、小売業はセンター納品を求めるのか
① 私見
　小売業は、全国出店と、売上・利益確保の為に、ローコスト・オペレーションを目指しておりました。
・全国広域に出店を加速しておりましたので、品揃えの確保や商品安定供給の保証を取引先に求めておりました。
・仕入原価の低減を図るために、センター使用料を要求しておりました。一部小売業では、センター使用料の一部が利益化されていました。
・店舗作業コストの削減を求めていました。具体的な要請としては、次の3点です。
　　・部門別仕分や売場別仕分（店舗品出し作業の軽減化の為）
　　・定時一括納品（店舗オペレーションと作業人員体制のシフト化）
　　　一部企業は、店舗への納品車両台数の削減を求めていました。
　　・ピッキングの高精度化（店舗納品時のノー検品化によるコスト減）
・欠品削減の為に、一部企業では在庫センター化を図りました。卸売業に対して、卸売業の**預かり在庫**（卸売業に所有権あり）として在庫負担を求めていました。
・多品種・少量・多頻度・短サイクル・曜日固定納品を必須としていました。

② 小売業の生の声
　小売業の声を聴いてみますと、調達物流に関して次のような見解を出される会社がありました。
A. 物流の基本的な考えとして、
・物流は、MD（Merchandising）の一環です。
・商品特性（例：温度帯、常温、定温、冷凍・冷蔵）に合わせた物流を考えます。
・商品は店頭渡しでの仕入決済を、原則とします。
　これらを遂行するために、物流センターを全国に配置し、営業効果の発揮をサポートできる物流体制を構築します。
B. 店の営業効果に寄与する物流体制の一つとして、
・商品別カテゴリー別配送を重視します。
・商品特性に合せた発注から、配送、荷受け、品出し、売り場作りまでの連動を確立します。
・合理的で生産性の高い物流トータルシステムの完成を目指しています。

## 3）センター納品と花王の直面する課題

　小売業からの要請に対して、花王にとして、できることとできないことの二つに分かれます。
（1）要請事項とその対応
①センター使用料の要求

　センター使用料の料率が高く、フィーは通常3％～12％要求されていました。要求される率が高いこともあって、断り続けておりました。ところが、企業によっては、要請を断りきれずに応じるところがありました。次第にセンター使用料の支払い額が上がっていき、販社の経営収支に与える影響を無視できなくなりました。
②部門別仕分けの要求

　花王物流拠点は、自社商品分の部門別仕分はできましたが、他メーカーも合わせた部門別仕分はできません。

③定時一括納品の要求

　定時納品は配送費の増加になりますが、可能です。しかし、他社分も合わせた一括納品はできません。

④小売業の在庫センター化（預かり在庫）

　小売業備蓄センター（約３００拠点）に、花王在庫が預かり在庫として分散化されました。

⑤広域出店

　全国物流拠点より、広域対応の出荷はできます。

（２）センター納品を想定した時の物流インフラの課題

①小売業が広域に出店していますが、旧８販社体制の情報システムと物流体制では、複雑な対応になります。
②受注から納品までのリードタイムが、一部企業から当日受注・当日納品へと短縮が求められていました。
③仕分が、店別のみから店別・部門別に細分化されてきました。
④センター納品が進みますと、大型車で納品を行うことになります。配送能力の向上が必須になってきました。

　こうした課題の中で、対応として考えられ始めたのが、次の点です。

①情報システム

　情報システムの中心である受注・出荷システムの一元化が、必要でした。

②物流拠点

　60箇所の全在庫拠点を、集約してはどうかの検討があります。

③設備

　商品の種類や形状を標準化できるかのレビューから、脱自動化設備の検討がありました。

④運営

　物流の運営会社である花王ロジスティクス会社8社を統合することでした。

## 4）選択肢

### （1）納品先の変化

各店納品を原則にしていましたが、小売業の物流センターへの納入が、実務上は、次第に増えてきておりました。小売業との商談で、センター納品への度重なる要請が強くなってきておりました。

<図 3-4. 家庭品物流の納品先の変化>

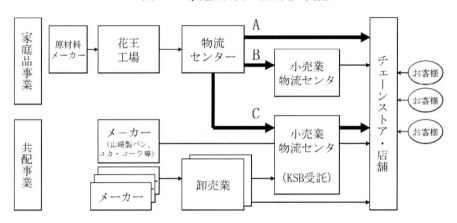

### （2）物流の選択肢

花王の選択肢として、次の4つを検討しておりました。
　①各店配送を維持します。
　②センター納品に乗ります。
　③自分の手で小売物流センターを運営します。
　④消費者に直接届けます（通販）。

### （3）コア・コンピタンス

花王の物流の**コア・コンピタンス**（核となる能力）をどのように見ていたかと言えば、全国ネットで物流ができ、小売業の出店戦略に全国対応できると、プロダクトアウト的に考えておりました。

①全国100ヶ所に物流拠点や物流設備がありますし、人材がいます。
②全国9万店の小売業と取引をしていましたので、商流・物流・情報流の
　インフラを整備しています。
③自社物流で蓄えられたノウハウがあります。典型的には、

第3章　共同配送事業

- ユニット・ロード・システムとして、工場から販社までの一貫した物流が構築されています。
- ローコスト物流オペレーションができます。
- 高品質物流として、ピッキング精度があり、指定日納品ができます。
- 各店舗納品をしており、店舗の売場を知った物流ができます。

(4) 自ら小売業のセンターを運営

　検討の末に、センター納品を断り続けるのではなく、**自ら小売業のセンターを運営してみる**ことを検討しました。

　検討の中で、考えていましたことは、「センター使用料は、なぜ高いのか」です。物流を自社で行っておりましたので、経験的に掴んでいる物流費よりも高かったからです。

　ニュースリリース等に書かれていますことから言えば、「花王製品のみを運ぶロジスティクスから、他社製品も一緒に運ぶロジスティクスへと**脱皮**」を図ることでした。

　経営幹部との4か月にわたる検討の結果、小売業との取り組み方を改めることにしました。

　一つは、ECRの実現を目指すために、流通の一翼を担うメーカーとして、小売業と共同で、経営課題を総合的に取り組むことによって、相互メリットを追求することです。

　二つ目は、工場から売場まで**トータルな物流オペレーションの仕組み**を開発して、陳列・補充の簡素化など、経済的合理性を最大限に追求していくことです。小売業に自社商品を出荷するDistribution Centerから、他社品も合わせて荷揃えするAssortment Centerへの脱皮が検討されています。

　三つ目が、花王の物流が有していた庫内作業や、輸送・配送の一貫物流の機能と、全国100ヶ所の物流拠点・物流設備を有効に活用していくことです。

(5) 戦略のパラダイム・シフト

　こうした考え方の変化の大本に、1995年秋に発表された経営戦略のパラダイム・シフトがありました。グローバル化や、経営のスピード化を意識していたと思いますが、事業領域すべてを自前で行う**垂直的統合戦略**（バーティカル・インテグレーション）から、**オープン戦略**への転換です。

　物流技術の開発も、大きな影響を受けることになりました。

## 4．センター使用料の性格

### 1）納入価格

　納入価格には、何が含まれているかを検討しました。日本では、納入価格に納入側の物流費が内包されています。従って、納入側の物流費、販売費、センターフィー等のコスト内訳が、一般的には明らかではありません。この慣習により、小売業は、店頭までのオペレーションの多くを、納入価格に含まれている**卸売業の納品サービス**に依存してきました。センター使用料もその考えに基づいていると考えられます。

　なぜ、納入価格に物流費が含まれるのかと言えば、会計上は、次の考えで行われています。即ち、商品の仕入に伴って発生する引取運賃や運送保険料などの付帯費用（仕入諸掛）は、商品の仕入原価に算入し、仕入勘定の借方に記入します（注1）。

　あるいは、商品の売買に際しては、通常、関税・運賃・保険料などの諸付帯費用を負担しなければなりません。この種の費用を仕入諸掛・販売諸掛といいます。仕入諸掛は、商品の仕入原価の一部を構成するものとして、商品自体の購入代価に加算して処理するか、それと同様な結果が得られるような処理をしなければなりません。これは、収益・費用対応の原則を考慮しての処理です。すなわち、仕入諸掛を仕入原価に含めれば、その仕入原価を当期売上原価と次期繰越商品原価に区分することを通じて、仕入諸掛のうち当期販売済商品に関連する部分のみが、売上収益に対応するものとして費用計上されることになるからです（注2）。

注1．『簿記講義』服部俊治編著　同文館出版　昭和59年5月10日発行
注2．『簿記詳論』安平昭二著　同文館出版　昭和55年6月20日発行

### 2）価格構造がコストを誘導する

（1）FOB（free on board）

　世界市場を見たうえで、価格を考える時代です。渥美氏（故）が、主催するペガサスの通信（平成11年11月号）に興味深い記事がありました。1999年10月下旬に中国広州交易会での出来事です。大創産業をはじめとする「百円均一店」の本部仕入のFOB（現地船積み渡し価格）が、大体30円です。また、米国の

チェーンの小売価格が、ＦＯＢの２.５倍です。多くの日本の小売価格が、ＦＯＢ価格の６〜１２倍です。途中の中間経費が、日本では掛かり過ぎていると推察できます。したがって、日本国民は、日常の商品の国際相場の３倍以上で買わされていること、を指摘しています。

欧米の小売業の標準は、倉出し価格基準であり、買い取りが基準です。だれがどんな努力をしたら、コストがどうなるか、利益がどうなるかが、明確です。

物流の現場では、数量のみを取り扱うという考えがありますが、物流費の成り立ちを考え、物流コスト低減を考える時には、取引価格は避けて通れない基本的な課題です。

米国小売業のメーカー直接取引と、日本の小売業の企業間取引を比較してみることにします。以下の論考は、「直接取引を阻害するサービスコスト負担問題」菊池宏之著（当時流通政策研究所、現東洋大学教授）『GENERAL MERCHANDISER』1999年12月号を参考にしています。

（２）米国小売業のメーカー直接取引の前提
①サービスの受益者コスト負担を前提とした企業間取引
　米国小売業は、企業間取引において、コストはサービスの**受益者負担**が基本です。それ故に、小売業は、もっともコストパフォーマンスの高い条件で、仕入や調達を指向します。かかるコストとその成果のバランスを前提とした仕入調達システムの構築を図ります。
②システム構築の目的明確性
　米国では、システム化の目的が明確化しています。それは、競争力のある店舗運営コストの実現や、店舗活性化です。その実現のために、あるカテゴリーキラーの企業では、店舗で発注させずに、店舗在庫の徹底を図っています。一方で、本部では、店舗の在庫データに基づいて、自社の販売意図を反映させた発注を行っています。
③部分最適ではなく全体最適のシステム構築
　サービス受益者によるコスト負担のために、企業間取引や企業内取引において、部分最適ではなく、全体最適を前提としたシステム構築を指向しています。
　サービス受益者によるコスト負担は、コストパフォーマンス管理の重要性の確認が、不可欠な要件です。企業内で個々の作業コストの低減化や、作業生産性の向上を徹底させて始めて、企業間取引のトータルコストの低減が、可能になりま

す。しかも、それを愚直なまでに追求しており、具体的には業務内容の単純化、標準化を前提としての、生産性管理を徹底しています。

（3）日本小売業における企業間取引の前提
　日本の企業間取引では、サービスは、無償であることを前提にした仕入調達システムの構築をしており、メーカー設定の建値制を前提としています。
　取引価格に商品の価格と、取引に係るサービス価格（機能費）が内包されています。米国のように、提供されるサービスに係るコストが明確化されていない設定です。
　明確化させないことで、企業間取引の継続性を優先してきたと考えられます。販売側が、想定したあるいは想定されている以上にサービスを強く求められている状況を惹起することになります。

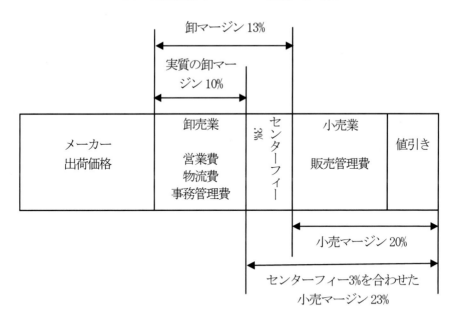

＜図3-5. 建値制でのマージン構造の参考例＞

棚割り決定やマーチャンダイジング施策などの業務を、卸売業に依存していますチェーンストア企業が多くあります。新店や棚替え等の労働も、不十分ながらも労働対価はありますが、卸売業からの労務提供に支えられています。概ねこれらの機能は、仕入価格に含まれていますので、小売業にとってみれば、無料にみえます。

<表3-1. 日米のサービスコスト負担の考え方の差異>

| 比較項目 | サービスコストの納入側負担（建値制：日本） | サービスコストの仕入側負担（オープン価格制：欧米） |
| --- | --- | --- |
| 価格競争の考え方 | 仕入者は、仕入価格をいかに低減させるかが、競争のポイントとなる。（コスト・マイナス競争） | 仕入者は、商品原価に自社で必要とするコストを加算するため、上乗せできるコスト競争になる。（コスト加算競争） |
| 粗利益 | 一定のマージンをメーカーが設定する、いわば他社依存型で決定される。 | 仕入原価に対して、自社の裁量でマージンを確保する主体的経営が求められる。 |
| 流通コスト | 流通コストは、メーカー設定コストに埋没しており不明確。 | 流通コストは、商品原価と区別されて明確になり、流通コストの低減競争が求められる。 |
| 仕入側対応 | 仕入者は、納入業者に各種の要請をした方が得になる。優越的地位の乱用が発生しやすい。 | 仕入者は、納入業者に最低限の要請しか行えない。低価格で高い機能を発揮する企業へ取引を集中する。 |

　以上の論考で見てきたように、企業間取引において、価格構造がコスト構造を規定します。欧米と日本とは、価格構造の違いが、競争の原理を変えています。欧米は、競争の激しさが、今日の価格形態になったといった方が、正確かもしれません。いずれにしても、経済活動の中で養われてきた商取引の形態とはいえ、競争がグローバル化した時に、原理の違いは、競争力の差になって現れます。日本企業は、欧米有力企業とのグローバル競争下での国内外の価格を、問われています。

## 第2節　物流事業戦略

### 1．事業目的

#### 1）共同配送の事業化目的

① 小売業のセンター使用料の抑制を図ります。
　　自ら小売業物流センターを経営して、その原価を解析し、適正にしていきます。
② 花王の物流インフラを戦略的に活用して、物流費を削減します。
　　物流拠点の土地や建屋を活用します。
　　人材の活用をします（物流技術者、ロジスティクス会社の社員等）。
　　なお、1992年にロジスティクス会社を販社毎に8社設立していました。
③ 小売業との取引関係の強化を図ります。
　　小売業との「共同取組」の強化を図ります。
　　ドラッグチャネルの強化を図ります。
④ 日本版ECRとしての総合的な「共同取組」を推進します。
　　KSBは、物流面のハードとソフトの企画・開発・営業の会社です。
　　小売業に合った最適な物流システムを構築していきたいと考えています。
　　今後、ロジスティクスとマーチャンダイジングを統合して、よりトータルでオープンな新しいロジスティクスの在り方を、共同取組の中で検討していきます。
　　　・納品精度を極めて高くします。誤差ゼロを目指します。
　　　・店舗のオペレーションに対応できるロジスティクスを目指します。
　　　・EDI等の情報システムとリンクして、物流の価値を上げるとともに、その価値に見合う流通全体のコスト削減を取組みたいと考えています。

　対外的に、発表しました設立目的は、
①高品質とローコストのデマンドチェーン創り
②小売業のロジスティクスとマーチャンダイジングの統合の2点です。
　　（花王システム物流の企業紹介パンフレットによります。）

第3章　共同配送事業

「ロジスティクスとマーチャンダイジングの統合」の意味合いは、次のように考えていました。
①ロジスティクスは、
・物流サービス機能の向上として、定時一括納品と部門別荷揃え機能を実現することです。
・センター入荷から店舗までの物流品質を保証して、誤納率ゼロ化と、店舗ノー検品を実現することです。
・物流EDIの構築をして、伝票レスと仕入計上作業レスを実現することです。
②マーチャンダイジングは、
日本版ECR（図3-6）が、念頭にありましたので、
・品揃え、売場作り、購買促進、新製品を考えていました。
　チェーンオペレーションとしては、発注単位、発注頻度、リードタイムを検討し直すことで、最適な店舗オペレーションの数値を設定することでした。

　以上を統合することで、店舗軒先渡しの慣行から一歩踏み込んで、店舗オペレーションの合理化を図るとともに、店内作業コストの削減を視野に入れて、商品調達物流費の削減を図ることです。

<図3-6. 日本版ECRのイメージ図>

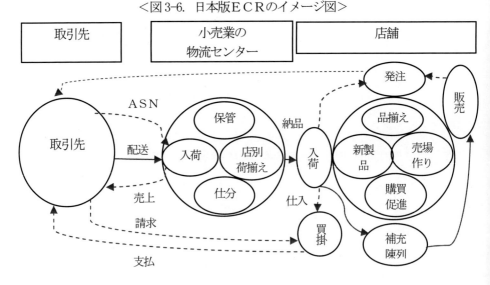

ASN：advanced shipping notice、事前出荷データ

## 2）KSBによる共同物流の三大特長

① 長年培った物流と情報システムの技術と経験があります。
　例えば、客先の要望である部門別一括納品を実現し、取引先にとっては総量納品の仕組みを提供しました。バラピッキングの精度が、10万分1を達成し、店舗での検品を止めています。いずれも、技術的な蓄積があったからこそできたことです。

② 日本全国に物流インフラがあります。
　全国どこでも小売業の要望に応えられます。
　新規の物流センターには、共配を考慮した設計をしています。98年以降に建設した物流センターがその例です。仙台センター、沼南センター、石狩センター等が相当します。

③ 物流に特化していて、商流には全く関係しない、つまり帳合には何も関与しないことです。
　帳合には関与しないことは、日雑業界で大きな意味を持ちます。KSBが行う共同配送は、帳合には無関係です。花王並びに販社は、同業他社商品を扱えないからです。卸売業と小売業との間の帳合には関与しない仕組みにしておりました。
　KSBは、物流に特化していますので、個別商品情報も必要ありません。JANコードで示された商品を、どの店に、どれだけ持っていくのか、を配送前日に指示を受けて作業するだけです。これらのデータは、先方のモノですから、親会社である花王に対しても機密を守る義務がありますし、システムも機密を守るように作られています（ファイアーウォール、別項参照）。

第3章　共同配送事業

## 2．市場規模

### 1）市場規模

① 市場規模を算出するに当り、調査の対象にしたのは、まず、運送業です。
　トラック運送業の営業収入 12 兆 1 千億円（1993 年 3 月現在）でした。
　このうち上位 10 社の売上高と経常利益は、下表の通りです。
　共配事業の目的から見ると、市場規模は大きいのですが、トラック運送業の市場に参入することはないとして、参入は見送りました。

<表3-2. トラック運送業者の売上高ランキング>

| 順位 | 会社名 | 売上高（億円） | 経常利益（億円） | 利益率（%） |
|---|---|---|---|---|
| 1 | 日本通運 | 1兆3,571 | 465 | 3.4 |
| 2 | ヤマト運輸 | 5,477 | 196 | 3.6 |
| 3 | 山九 | 2,916 | 38 | 1.3 |
| 4 | 西濃運輸 | 2,671 | 89 | 3.3 |
| 5 | 福山通運 | 2,595 | 98 | 3.8 |
| 6 | 日立物流 | 1,920 | 43 | 2.2 |
| 7 | センコー | 1,458 | 43 | 2.9 |
| 8 | トナミ運輸 | 1,055 | 37 | 3.5 |
| 9 | 丸全昭和運輸 | 745 | 36 | 4.9 |
| 10 | 日本梱包運輸倉庫 | 628 | 47 | 7.5 |

注．1995 年 3 月期決算数値より

② 荷主企業による物流業務の外部委託率を調査しますと、
　外部委託状況は、メーカー60％以上、卸売業45％、小売業はセンター納品化が90％台に進んでいました。

第2節　物流事業戦略

## 2）共配の市場規模

共配の市場規模を算出するに当り、3段階に分けて検討してみました。
① 小売業の物流市場規模は、約7,000億円と推定しています。

　　小売業の内、チェーンストア、中小規模店の年商から、トイレタリー商品とグロサリー商品の共配事業の市場規模を推定しています。

　　共配市場規模の推定方法は、業態別の年商に対して、トイレタリーの売上構成比を8％、グロサリーの売上構成比を20％としております。物流費が、売上高に占める経費率を2.7％として算出しています。

<表3-3．共配の市場規模>

| 業態 | 年商 | トイレタリー共配市場規模 | グロサリー共配市場規模 | 共配市場規模 |
|---|---|---|---|---|
| チェーンストア | 34兆円 | 740億円 | 1850億円 | 2590億円 |
| 中小規模店 | 58兆円 | 1260億円 | 3140億円 | 4400億円 |
| 計 | 92兆円 | 2200億円 | 4990億円 | 6990億円 |

② ナショナルチェーンと上位リージョナルチェーンの物流市場規模は、約800億円と推定しています。

　　小売業の内、通常取引をしているナショナルチェーンやリージョナルチェーンの上位を対象にした時の市場規模を推定しています。
　　共配市場規模の推定方法は、上記①と同じです。

<表3-4．共配の市場規模>

| 現在物流センターを運営しているチェーン | 年商 | トイレタリー共配市場規模 | グロサリー共配市場規模 | 共配市場規模 |
|---|---|---|---|---|
| ナショナルチェーンストア | 7.6兆円 | 164億円 | 411億円 | 575億円 |
| リージョナル（地区上位30位以内） | 2.9兆円 | 63億円 | 157億円 | 220億円 |
| 計 | 10.5兆円 | 227億円 | 568億円 | 795億円 |

年商のデータ出所：『日本スーパーマーケット年鑑96』

## 第3章　共同配送事業

③　業態別に市場規模を推定

　小売業から、GMS・食品スーパー、ホームセンター、コンビニエンスストア、ドラッグストアの4つの業態を取り上げました（表3-4）。
合計702社、71千店、市場規模2970億円と試算しました。売上金額に相当します通過金額ベースに直すと、9.4兆円規模の市場です。
　共配は、大きな市場との判断ができました。
業態別には、GMS・食品スーパーが1,030億円、ホームセンター（HC）が820億円、コンビニエンスストア（CVS）が580億円、ドラッグストアが540億円と見積もっていました。

<表3-5.　共配の市場規模>

| 業態 | 対象企業 (社数) A | 店数 (店数) | 売上高 (兆円) | 対象商品通過額 (兆円) B | 企業当たり通過額 (十億円) B/A | 共配市場規模 (億円) |
|---|---|---|---|---|---|---|
| GMS・食品スーパー | 370 | 19,926 | 24.4 | 3.7 | 10 | 1,030 |
| ホームセンター | 110 | 3,800 | 3.9 | 2.3 | 21 | 820 |
| コンビニ | 13 | 38,097 | 6.4 | 1.3 | 100 | 580 |
| ドラッグストア | 209 | 9,549 | 2.2 | 2.1 | 10 | 540 |
| 計 | 702 | 71,372 | 36.9 | 9.4 | 141 | 2,970 |

<推定根拠>

　市場規模の算定基準
　　・対象企業：基本は、年商５０億円以上の企業、
　　　　　　　CVSは年商３００億円以上、ドラッグは年商３０億円以上
　　・対象商品：共配事業の対象とする商品分野（常温商品、日用品）
　参考資料
　　・日本リテイリングセンター調査「ビッグストア基本統計1997年版」
　　・食品商業6月号臨時増刊「コンビニ97夏号」
　　・DIY/HC名鑑97
　　・ドラッグストアチェーンDIRECTORY98
　　（参考資料の年度は、検討の途中で最新版に差し替えています。）

第2節　物流事業戦略

## 3）業態別商品特長と取扱いの可能性

業態別に市場参入の可能性を、①取扱商品（アイテム数）、②EOS実施状況（情報化のレベルを確認）、③ベンダー数、④売り場面積から検討しています。
物流の基本設計をする時には、商品が鍵を握っています。
主に取扱う商品構成から、ドラッグストアが妥当だ、との判断でした。

<表3-6. 業態別特長と参入の可能性>

| | 比較項目 | | ドラッグ | ホームセンター | コンビニエンスストア | SM、SSM |
|---|---|---|---|---|---|---|
| 商品 | 対象とするアイテム数 | SKU | 3万 | 10万 | 3千 | 5千 |
| | 1口単価の推定値 | 円/口 | 7,000 | 3,500 | 3,000 | 2,000 |
| | 取扱商品 | 日用品 | ○ | ○ | ○ | ○ |
| | | 化粧品 | ○ | ○ | ○ | ○ |
| | | 医薬品 | ○ | × | △ | × |
| | | 加食・菓子 | ○ | ○ | ○ | ○ |
| | | 酒類 | ○ | ○ | ○ | ○ |
| | | DIY・インテリア・家電 | × | ○ | × | × |
| | | 日配 | △ | × | ○ | ○ |
| | | 冷凍食品 | ○ | × | ○ | ○ |
| | JAN, ITFコードの負荷状況 | | ○ | △ | ○ | ○ |
| EOS実施状況 | | ％ | 90 | 70 | 100 | 90 |
| ベンダー数 | | 社 | 50～100 | 700 | 10 | 50 |
| 売場面積 | | 坪 | 50～600 | 1,000～3,000 | 30 | 150～3,000 |

第3章　共同配送事業

## 4）市場競争状況と参入の可能性

　共配市場に参入している企業（食品卸売業と運送業）の規模、目的と参入業態を調査し、花王との比較をしました。差別化をどのように図るかのテーマになりました。

　先行して共配を事業化している企業を見ますと、やはり、各企業の生い立ちを背景にしております。アプローチが手薄になっています業態は、ホームセンターとドラッグストアでした。

<表 3-7. 市場状況と参入の可能性>

| 比較項目 | | 食品卸売業 | | | | | 運送会社 | |
|---|---|---|---|---|---|---|---|---|
| | | 商社系 | | | 独立系 | | センコー | 日立物流 |
| | | 菱食 | 三井食品 | 伊藤忠食品 | 国分 | 加藤産業 | | |
| 事情規模 (2003年) | 売上高(百億円) | 106 | 47 | 47 | 124 | 42 | 17 | 19 |
| | 経常利益(億円) | 100 | | 64 | 70 | 57 | 47 | 30 |
| 共配参入目的 | | 帳合拡大 | | | | | 輸送能力拡大 | |
| 参入状況 | GMS | ○ | | | ○ | | ○ | |
| | 食品スーパー | ○ | | | ○ | | △ | |
| | CVS | ○ | | | ○ | | △ | |
| | HC | × | | | × | | ○ | |
| | ドラッグ | × | | | × | | △ | |

## 5）事業領域とターゲット

以上の基礎データから事業のターゲットを決めるに当り、検討した項目は、
- 事業目的
- 商品特長（常温帯で、花王の物流技術を応用できる商品、表3-5）
- 競争状況（表3-6）
- 市場規模（表3-1～表3-4）
- 物流の効率化：店舗の品揃えを９０％以上取り扱える業態（表3-5）

客先として小売業を対象とすることは、事業を考えていた当初からの決まりごとでした。工場と販社間の輸送や小売店への配送がありましたので、運輸業に進出することを検討はしました。実際には、事業として進出はしませんでした。客先としてどこを選択するのか、が議論された点でした。

上記の事業目的等に照らした時に、取引が比較的手薄で、まだ成長途上の**ドラッグストア**をターゲットにすることにしました。

技術としては、先行して共配事業を行っている企業に対して、差別化をどのようにして図るかでした。

## 3．共配物流センターの仕組み

### 1）小売業への提案コンセプト

「小売業調達物流における
高品質な物流であり、
店舗オペレーションの効率化・ローコスト化になる
物流サービスの提供」

### 2）店舗内作業等の効率化

（1）物流技術として品質評価
　共配を事業化するに当り、品質レベルが他社と比べてどの程度かは、自社内でも、客先サイドでも、重要な評価対象でした。
　ある企業から共配委託先を最終的に選択する時に、開示されたデータがあります（下表）。全取引先企業の全社平均の誤納率に対して、花王の誤納率は非常に低いという評価でした。また、品質の良さがあったから、選考の対象にしたとの話がありました。やはり、品質が大事なことが確認された瞬間でした。
　店への定時納品と、高い納品精度に裏付けられたノー検品（実務上は荷物の口数検品は実施）を目標にした物流を構築したいとのことでしたが、後日実現しました。

<主要取引先の誤納率>

| 取引先 | I社 | M社 | R社 | S社 | 花王 |
|---|---|---|---|---|---|
| 誤納率 | 0.096% | 0.063% | 0.028% | 0.008% | 0.007% |

（2）店舗内作業にそって、何が改善できるかを表したのが、図3-7です。
　流通全体のコスト・ミニマムを図るに当り、まず、店舗と取引先に焦点を絞りました。
① 店舗オペレーションの効率化に寄与するために、
部門別納品、定時一括納品、及び、物流品質をアップして店舗納品時のノー検品を実現します。
② 取引先にとって、コスト低減になる総量ピッキング方式を採用します。
取引先が納入する時に、ケースやオリコンにシールを貼る付帯作業をゼロ化します。

第2節 物流事業戦略

<図3-7. 店舗内作業を改善する視点>

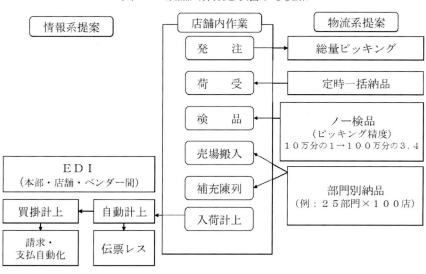

③ EDIは、取引先との業務プロセスを改善し、双方の企業経営の合理化になりますので、力を入れた分野です。

<図3-8. EDIの仕組み>

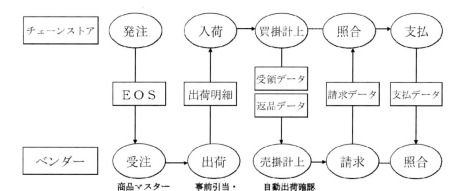

第3章　共同配送事業

## 3）物流センターの機能要件

（1）機能要件

提案コンセプトを実現する為の必要な物流センターの機能要件を一覧にします。

<表3-8. 小売業の目的と機能要件>

| 小売業の目的 | 物流センターの機能要件 |
|---|---|
| ①納品車両台数の削減<br>　店舗の荷受けの効率化<br>　　（オペレーション／コスト低減） | 店別定時一括納品 |
| ②店舗でのノー検品<br>　　（高品質とコスト低減） | 取引先からの総量納品<br>物流センターで単品検品 |
| ③店舗での補充・陳列の効率化<br>　　（オペレーション／コスト低減） | 物流センターで店別部門別仕分 |
| ④伝票管理業務の削減<br>　　（オペレーション／コスト低減） | 物流EDIによるデータ交換 |
| ⑤店舗・本部での仕入確定業務簡素化<br>　　（オペレーション／コスト低減） | 物流センターでの仕入確定業務 |

（2）店舗内作業費を下げるとは、どういうことなのか

　現行の店舗経費の内訳は、人件費が対売上比で約10％を占めています。人件費を作業別の構成比にしますと、荷受け作業30％、補充陳列35％、事務作業15％、その他20％になります。

　荷受け作業は、「ノー検品」と「定時一括納品」にしますと、90％削減が可能です。

　補充陳列は、「部門別納品」にしますと、33％削減が可能です。したがって、各作業の構成比は、荷受け作業3％、補充陳列23％、事務作業15％、その他20％、計61％になりますので、削減効果が、39％になります。

　物流センターの機能要件を上げることによって、店舗内の作業費を改善することができます。

## 4）物流センターの３タイプ

① 共配物流センターのサービスタイプには、在庫型、総量通過型、店別通過型の３タイプがあります。

<図3-9. 共配の仕組み>

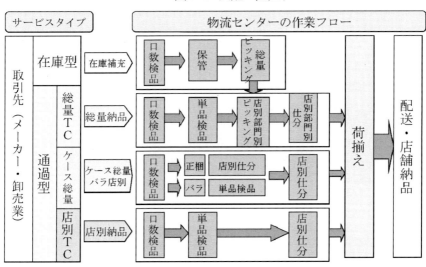

注1. TCは、transfer centerの略です。
注2. 店別TC型はTC1型、総量TC型はTC2型と略されることがあります。

② 1995年当時のナショナルチェーンや、主要なローカルチェーンで行われていたセンター納品の実態調査では、次の通りでした。
　店別通過型が主力の時代でした。

<表3-9. 業態別センター方式>

| 業態 | 社数 | センター方式（雑貨に関して） | | |
|---|---|---|---|---|
| | | 在庫型 | 通過型 | |
| | | | 店別 | 総量型 |
| ナショナルチェーン（コンビニ含む） | 10社 | 1社 | 9社 | － |
| 主要ローカルチェーン | 31社 | 7社 | 22社 | 2社 |

## 5）総量納品型を提案した理由

　通過型のセンターは、大きくは店別スルー型と総量スルー型に分かれます。どちらのタイプを採用するかとの判断の時に、比較した表です（表3-9）。
　小売業の多くは、店別型でしたので、**競争優位**あるいは**差別化**の点から**総量型**を選択することになりました。
　小売業の物流センターに納入する取引先にとって、総量型は明らかに取引先の庫内作業が軽減化されますし、帳合には関わらなくてもすむ仕組みです。
　また、取引先によって、ばらついていましたピッキング精度を、物流センターで一定水準に上げることができます。
　小売業の店舗にとっても、取引先別ではなく、部門別にまとめて仕分をして、納品されることになりますので、納品車両の減少とともに、店舗内での補充作業が軽減されます。

<表3-10. 店別型と総量型の比較>

| <店別型> | ベンダー<br>店別ピッキング | 物流センター<br>方面別仕分 | 店舗<br>複数部門に<br>またがって品出し |
|---|---|---|---|

1．ベンダー毎にピッキング精度が一定しないので、店舗での検品が必要。
2．各ベンダーからの納入品を複数売場にまたがって品出しするので工数がかかる。

| <総量型> | ベンダー<br>総量ピッキング | 物流センター<br>部門別・店別仕分 | 店舗<br>部門別に納品 |
|---|---|---|---|

1．ベンダーの庫内作業軽減
2．ピッキング精度が一定
3．店舗での品出し作業が軽減される

<店別型と総量型の共通>
1．店舗での納入車両数が削減される。
2．ベンダーの物流機能（在庫、ピッキング）をそのまま利用。
3．商流への直接的な影響は無い（帳合への影響がなし）。

第2節　物流事業戦略

## 4．物流設備

### 1）物流設備一覧

　事業コンセプトや、品質、安全、生産性の基本を実現するには、人材・組織、設備、システムが必要です。
　ここでは、共配事業向けに開発された設備・システムを概括しておきます（表3-10)。開発された設備の内、一部は家庭品の物流にも応用されることになります。
　課題は、自社1,500アイテムからの脱却でした。想定2万アイテムに応じた仕分設備、情報システムや、運営マネジメントの開発です。
　設計目標としては、
①高品質、②高安定、③運用のしやすさ、④柔軟性（設備に振り回されない）、⑤低投資額、⑥競合他社情報ファイアーウォールの設定でした。

<表3-11．物流設備体系>

| 開発分野 | | | 開発技術 | 開発目的 |
|---|---|---|---|---|
| 設備系 | 仕分 | ケース | ・無線HTによるケース仕分 | ・商品をケース単位で入荷検品、店別仕分する設備<br>・品質レベル：シックスシグマ（100万分の3.4) |
| | | | ・RIOS | ・商品をケース単位にカテゴリー別に仕分する設備 |
| | | バラ | ・カート種まきシステム | ・商品をピース単位に店別部門別に仕分する設備<br>（実装最大値：2500分類）<br>・品質レベル：シックスシグマ |
| | | | ・ピース直播システム | ・商品をピース単位に店別部門別に仕分する設備<br>・品質レベル：シックスシグマ |
| | | | ・ピース用ソーター | ・商品をピース単位で店別仕分する設備 |
| | 荷揃 | | ・商品紐付けによる商品追跡システム | ・商品（ピース）－オリコン－配送車－店を紐付け<br>（商品追跡）<br>・商品（ケース）－カゴ車－配送車－店を紐付け |
| 情報系 | | | ・作業マネジメント・システム | ・庫内作業や配送の計画作成業務、<br>・リアルタイムで作業進捗管理 |
| | | | ・物流EDI | ・店発注から仕入計上までの物流データを電子交換し、処理する仕組み |
| | | | ・自動発注システム | ・店舗の定番発注を人手による発注からコンピュータで計算し、発注する仕組み |

第3章　共同配送事業

## 2）RIOS（random input output system）の開発

（1）開発の背景と目的
　小売業を客先として、共配事業を行うに当たり。理念的な考えを書いてきました。サービス・マキシマムとか、コスト・ミニマムを狙うには、具体的には、設備や運営は、どうするのかがあります。
　共配センター設備として、独自のサービスを提供でき、他社とは差別化になる設備を開発することにあります。独自のサービスとは何かといえば、商品を部門別単位、若しくは売場別にピッキングと、荷揃えができる機能です。
　差別化する設備として、その一つが、RIOSの開発です。

（2）RIOSの機能
　RIOSは、Random Input Output System の略です。
　開発の目的は、店舗別部門別（又は売場別）納品を行うための商品の保管と出庫機能にあります。ランダムに入庫された商品を、目的に合った形、例えば部門別に出庫ができる設備にすることにありました。

　RIOSの作業の流れを、機能の遂行順に書きますと、
①ケース又はオリコンを、荷姿単位にRIOSに随時に自動入庫し、ケースやオリコンを1単位ずつ保管する自動倉庫です。
②保管されている商品（ケース又はオリコン）を、部門別（カテゴリー別）に出庫するソーターの役目があります。
　部門別に切出された商品を、ピースソーターで店別に仕分けして、オリコンに投入します。
③部門別（カテゴリー別）店別に仕分けられたオリコンをRIOSに再入庫し、保管します。
④部門別（カテゴリー別）に再入庫されたケース又はオリコンを、店舗別納品順に出庫するソーターの役目があります。

　RIOSを応用した使い方としては、ケースやオリコンを溜めておき、配送順に出荷する時に使えます（次頁）。

第２節　物流事業戦略

<図3-10. ＲＩＯＳの設備と作業フローのイメージ図>

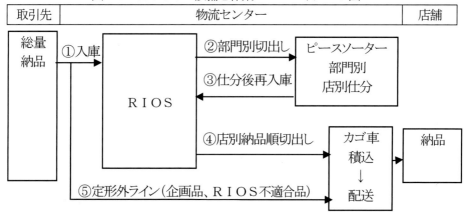

（３）品質やコストでの工夫

① 取引先
・総量ピッキング方式を採用しましたので、取引先は、ケース主体のピッキングになりました。
　アイテムの端数のみが、バラピッキングになりましたので、ピッキングミスの低減になりました。
・取引先の庫内作業費は、総量ピッキングになりましたので、明らかに低減しました。
・店別通過型で行われていました店別ラベル貼りの付帯作業をなくしました。
　即ち、ケースはITFコード、単品はJANコードを活用することで、付帯作業を全廃しました。
　　稼働当初には、一部メーカーによっては、ITFコードがケースに印刷されていないことがありましたので、物流センターでITFコードのラベルを貼付していました。

② 物流センター
・ＲＩＯＳ入庫・出庫時に個数チェックを機械的に行うようにしております。
・バラピッキングは、ピースソーターを使うことにしました。ピースソーターのインダクション投入時に、単品毎にJANコードをスキャンすることで、単品検品を行っています。バラピッキングの仕分精度が１０万分の１になりました。

・店別荷揃えをRIOSから切り出しながら行いますので、店別荷揃え作業のミスゼロ化になりました。

③ 店舗
・物流センターで、検品済みで届けられることになります。店舗での荷受け検収は、口数の検収のみなりました。
　万が一のミスに備えて、商品はオリコンや配送車両と、紐づけられるようになっていますので、商品をキーにして、オリコン・納品車両・店舗の追跡ができるようになっています。
・定時一括納品による荷受けコストの低減になりました。
・部門別になったケースやオリコンが届けられることになりましたので、補充作業が部門別に行われることになりました。

## 3）カート種蒔システムの開発

（1）開発の背景

　ピース仕分は、前述したとおりに、総量種蒔き方式として、ピースソーターを使用した店舗別仕分運用が中心でした。ピースソーターは、投入した商品を仕分用シュート数分だけ仕分けることができます。部門別仕分をするためには、部門別に一次仕分をして、仕分けることになります。１０部門であれば、RIOS から10回切出し、ピースソーターを１０回パスして仕分けることになります。

　設備的にも投資額としても、大きな仕組みになります。部門切り替えの時間ロスが発生し、作業の待機時間になりました。

　そこで対策として考えられたのが、同じ総量種蒔タイプの設備ですが、品質を向上させるとともに、投資コストを低廉化する設備開発を独自に行いました。仕分先の必要な間口数（オリコン）を用意して、店別部門別に一気に仕分ける方式です。例えば、８００間口（80店舗×10部門のオリコン）を用意して、店別部門別に蒔いていくやり方を考えました。それが、**計量検品カート方式**です。

（2）計量検品カートとは

　計量検品カートにアイテム別商品を積んで、部門別・店舗別の間口（オリコン）に直接蒔くやり方です。

　計量検品カートによる種蒔きシステムは、取引先や自社内倉庫からアイテム別総量納品された商品を、「**計量検品カート**」の４つの間口（秤付）に、４アイテムを積み込みます。仕分先間口に移動して、間口になっているオリコンに商品を投入し、仕分を行う仕組みです。

　仕分精度は、運営次第では６σ（シックスシグマ）を達成できます。
- ピッキング個数ミスのゼロ化は、秤を使った個数チェック方式です。ピッキングするアイテム毎に計量検品カートの秤で個別減算方式によって、アイテム別に数量カウントします。
- 品種の保証は、商品のJAN若しくはITFバーコードをスキャンして確認します。
- オリコン投入ミスのゼロ化は、オリコンの位置を知らせる間口自動認識装置（光

通信）と、オリコン誤投入防止シャッターによって防止します。
・ピッキング商品とオリコンの紐付は、無線によって投入オリコンと商品をリアルタイムに紐付し、オリコン内容証明書を発行します。無線は、SS無線方式を採用しています。

　計量検品カートシステム（(CMS：cart management system)）は、共配事業のピース種蒔の中核の技術になりました。①高品質（6σ）、②工期の短縮（通常2ケ月の設置工事を1ケ月に短縮）、③設備費の大幅な低廉化（ピースソーターに対して約3分の1）、④省スペース化（ピースソーターに対して約2分の1）、⑤柔軟性と拡張性を備えています。

（3）ピースソーターと計量検品カートの比較
　仕分単位と設備設置面積において、計量検品カートは、ピースソーターに対して優位です。

<表3-12. ピースソーターと計量検品カートの比較>

| 比較項目 | ピースソーター | 計量検品カート (CMS：cart management system) |
|---|---|---|
| 仕分単位と設備制約 | 間口として100シュート（200シュートは技術的には可能です。シュート数が仕分数の制約になります）店舗別仕分が中心です。部門別に投入すれば、部門別店舗別仕分けは可能です。 | 間口は店別部門別に必要数用意します。（間口数が仕分数の制約になります） |
| 必要面積 | 440坪 | 231坪 |
| 作業生産性 | 500本／人時（ピース投入からオリコン投入までの生産性） | 350本／人時（ピース検品からオリコン投入までの生産性） |

　計量検品カートができたことで、ＲＩＯＳ＋ピースソーターの組み合わせは、やめていくことになりました。

第2節　物流事業戦略

## 4）ピース直播システムの開発

### （1）開発のコンセプト

　総量で入荷された商品を、店別・部門別に仕分けをして、店舗に納品します。総量種蒔型の「ピース直播システム」の開発を考えた時のコンセプトは、**ピース直播**です。

　即ち、カート種蒔システムとは違って、取引先から納品された商品を、前処理なしに、店別・部門別にいきなり（直接）仕分する仕組みです。

　設計上考えた指針は、次の通りです。
- 計量検品カート（CMS、カート種蒔システム）と、同等の品質維持
- 設備投資コストの大幅な低減
- 設備の省スペース化
- 設備移動や増設を簡単に行える
- 物量や作業進捗に応じて間口割り付けを変えられる
- 設置工事や教育期間が短い

### （2）ピース直播システムの設計目標値

- 仕分精度：　　　100万分3.4（6σ）
- 生産性：　　　　420本／人時
- 投資コスト：　　計量検品カートの2／3（同一規模時）
- スペース：　　　計量検品カートの2／3（同上）
- 設置工事期間：計量検品カートの2／3（同上）

### （3）ピース直播システムの機能フロー

① 総量で入荷された商品を、**「検品台」**で、商品の「JANかITFバーコード」を一個一個スキャンしながら、品種と数量を、全数検品します。
　検品と同時に、商品をアイテム別・店別に、「トレー」に仕分・投入します。この点が、「ピース直播システム」の所以です。

② トレーを、検品台横の床に、部門別に仮置きします。

③ トレーを、指示された部門別の**「間口ユニット」**の前にある**「投入台」**の所に持っていきます。

　**間口ユニット**は、1ユニットが15間口（3段×5列）で構成されています。ユニット単位に部門別（売場別）に割り付け、間口は店別に割り付けられた「オ

リコン」です。
④トレーについている「ＩＣカード」を、「投入台」で読ませます。
⑤そうすると、**間口ユニットで投入する「間口」**が自動認識され、間口についている「誤投入防止シャッター」が開きますので、トレーから商品をその間口に全数投入します。
⑥オリコンを組立時に、オリコンに「ＰＤラベル」を貼付しておきます。
　（ＰＤラベル：PD とは、physical distribution(物流)の意味で店舗別仕分を目的にした梱包ラベルです。）
⑦満杯になった「オリコン」は、間口ユニットの後ろ側に、店別に段積みします。
⑧オリコンを「**荷揃えエリア**」に持っていきます。

（４）ピース直播システムの改善版
　検品時に、「トレー」には、**アイテム別間口ユニット単位総量仕分方式**にしました。したがって、間口ユニット毎の総量「トレー」から、投入間口毎に、店(間口)単位本数を投入するようにしました。

（５）ピース直播システムの品質保証
①商品保証
バーコードリーダーで、ＩＴＦかＪＡＮをスキャンして、全数を検品します。
　　・品種違いを防止します。
　　・個数違いを防止します。
②仕分先保証
・投入先ミス防止
　　・トレー毎にＩＣカードによって間口を自動認識します。
　　・間口には、誤投入防止シャッターが付いており、投入時のみ開閉します。
　　・１トレーは、１間口に対応しており、トレー内の商品をすべて間口に投入します。
・オリコンの内容明細は、商品とオリコンをリアルタイムでひも付けします。
・店別オリコンＰＤラベルを貼付します。

第2節　物流事業戦略

(6) 総量種蒔仕分の設備比較

1996年より開発してきた総量種蒔型の設備の特長を比較しておきます。

<表3-13. ピース仕分設備比較>

| 比較項目 | 直播システム | 計量検品カート | ピースソーター |
|---|---|---|---|
| 検品 | アイテム別店別全数スキャン検品 | アイテム別全数スキャン検品<br>単品別計量（個数）検品 | アイテム別全数スキャン検品 |
| 投入 | ＩＣカードによるトレー自動認識と誤投入防止シャッター | 計量検品付カートと誤投入防止シャッター | 自動振分 |
| 仕分分類 | 店別・部門別仕分<br>ユニット単位に部門別割り付け<br>間口は店別に割り付け | 店別・部門別仕分<br>間口は、店別・部門別に割り付け | 店別仕分<br>部門別仕分にはバッチ切り替え対応<br>（RIOSと併用対応） |
| 仕分品質 | 100万分3.4 | 100万分3.4 | 10万分1 |
| 拡張性 | 増設容易 | 増設容易 | 間口増設困難 |
| スペース（坪/仕分間口） | 0.8 | 1.2 | 4.4 |
| 運営管理・生産性維持 | 個人単位の生産性管理 | 個人単位の生産性管理 | 全体生産性管理<br>（投入インダクションは個人単位） |
| 個人生産性（本/人時） | 検品＋商品投入＋オリコン搬送<br>420本/人時 | 前処理＋カート仕分＋オリコン搬送<br>350本/人時 | インダクション＋シュート下<br>500本/人時 |

## 5）物流作業マネジメントシステム

　マネジメントシステムは、計画・実行・評価のサイクルを言います。大型化したセンターでは、日々の作業を実行していく上で、システムの支援無くしては運営できません。作業に携わる人だけでも何百人になりますし、車両台数も何十台から100台以上になります。庫内作業と配送に関して、計画・実行・評価に係るシステムを一覧にしておきます。

<表3-14. 物流マネジメント・サイクル>

| 計画・実行・評価サイクル | | 庫内 | 配送 | |
|---|---|---|---|---|
| | | | システム | 機能 |
| 計画系 | | ・庫内作業計画システム | ・配送シミュレータ | ・日別稼働台数と時間予測<br>・配送拠点の配置計画 |
| | | ・勤務計画 | | |
| 実行系 | 作業系 | ・バッチ起動支援システム<br>・作業マネジメントシステム | ・配送スケジュール<br>・簡易配送システムと配送スケジューラ | ・予測台数（制限台数）での配送計画<br>・荷揃え場と連動した配車計画 |
| | 品質系 | ・カート計量検品システム<br>・デジ計量検品システム<br>・ロット管理システム | ・納品品質保証システム | ・店舗納品時スキャン検品の実施と時間収集<br>・カゴ車納品時の内容証明 |
| 評価系 | 作業系 | ・稼働進捗モニターシステム<br>・トラブルモニターシステム<br>・庫内作業実績システム | ・配送実績管理システム | ・GPSによる走行・滞店時間収集 |
| | 就業系 | ・就業管理システム | | ・人時就業時間管理 |
| | コスト系 | ・ABC（activity based costing）システム | | ・作業工程別発生コスト管理 |

将来、計画・実行・評価を、ＡＩ（人工知能）化していくと、ノウハウが体系化されていくでしょう。現在のやり方よりも効率が良くなる可能性が高いと考えています。例として、バッチ起動支援システムを取り上げますと、このシステムは、当日の作業計画を決め、当日の作業進捗を見ながら、修正をしていきますので、システムの組み方次第では、庫内作業費は大きく変わります。

計画と進捗の決定要素は、多岐に亘ります。例えば、納品先への納品指定時刻、それに伴う庫内作業時間、納品先の納品時刻をグループ化して出荷起動、当日の物量と商品構成、設備能力、作業要員（個人別作業生産性と出欠状況）等の要素があります。作業は、特に商品構成と作業者の生産性に左右されます。これらをどのように適切に組み合わせるのかは、経験とノウハウが必要です。今は、都度組み替えるのは大変ですので、ルーティンとして曜日別に固定化しています。データは揃っていますので、ＡＩにより「最適解」を日々の変動の中で組み替えることができれば、庫内作業はもっと楽になり、コストは下がるでしょう。

## 6）守秘義務

### （1）取引先との折衝の中で守秘義務を宣言

ＫＳＢ（花王システム物流の略）が物流を受託した仕事では、小売業の取引先からの価格情報や、販売促進活動等の計画を必要としません。また、ＫＳＢは、メーカーや卸売業と、小売業間の商取引の内容に関与する立場にもありません。

ＫＳＢが、受託した物流業務を遂行する上で、必要な小売店の仕分・配送指示情報は、小売店に属する営業秘密ですので、ＫＳＢが開示することはありません。ＫＳＢは、小売店の指示通りの物流業務を行うだけにしています。

### （2）ファイアーウォール

ＫＳＢの情報システムには、ファイアーウォールを設定しています。コンピュータやネットワークを、外部からの不正侵入から守るための防御システムです。

また、業務隔壁として、ＫＳＢを子会社として設立し、本業とは別扱いのシステムを構築しています。他の業務に相互参入する場合には、本来の業務における影響力を行使しての不公平取引や、顧客情報の流用を防ぐための制限や規定をしています。

## 5．事業計画

### 1）事業戦略を固めていく中で、「事業計画」を策定

①共配戦略
　・戦略方針（第2節「物流事業戦略」参照）
②共配センター運営の基礎数字
　・庫内作業の時間と人数
　・配送車両台数
　・運営時間帯（時間帯別人数含む）
　・設備仕様
　・共配センター基本レイアウト
③投資計画（対象期間：1997年度～2000年度）
　・共配センター数、取扱高、投資件数、設備投資額、人員・車両計画
④共配事業収支計画（対象期間：同上）
　・売上高、売上原価、売上総利益、一般管理費、営業利益、経常利益
⑤資金運用計画（対象期間：同上）
　・固定資金の源泉と使途、
　・運転資金の源泉と使途

## 2）「物流事業化戦略基本案」を策定

第2節「物流事業戦略」で述べてきたことの項目を記しております。「物流事業化戦略基本案」では、数値化されて記載されました。
　①背景
　②市場規模
　③コア・コンピタンス
　　　小売業のDistribution CenterからAssortment Centerへの脱皮
　④物流事業化目的
　　「開放(OPEN)」自社内物流から、社会とかかわりを持つ物流へ脱皮します。
　　「総合(TOTAL)」家庭品物流から花王の事業部門すべてを対象にします。
　　　　　　　　工場から小売業の売場までの一貫物流を目指します。
　　「物流(LOGISTICS)」物流の各機能を総合的に提案・提供できるようになります。
　　「事業(ENTERPRISE)」経営として成り立つことをめざします（独立採算）。
　⑤事業戦略
　　・ＥＣＲとして、顧客満足の最大化と、流通コスト・ミニマム化
　　・サプライチェーンマネジメントの創造
　　・輸送ネットワーク作り（工場から小売業の売場までの一貫物流）
　⑥事業内容
　　・共同配送事業
　　・ギフト事業
　　　　小売業の店頭で依頼主からいただきたギフト商品を、工場から送り先へ直接お届けする仕組みです。ギフト（贈答品）の流通在庫を低減化し、消費者と工場をダイレクトに結ぶ仕組みでした。
　⑦新会社概要
　　　花王システム物流の設立
　⑧事業収支計画
　⑨事業開設スケジュール

# 第3章　共同配送事業

## 第3節　営業活動

### 1．営業の特性

　共配事業の営業は、サービスという無形の機能を売ることになります。商品という形のあるものを販売するのとは、性格を異にしています。通常の商品であれば、企業としてのマーケティング活動の中で販売が行われます。
　一方、共配事業の販売は、販売担当者が、事業方針に基づき、顧客の選定から始めます。顧客のニーズ調査や、どのような解決をしていくのかという意味ではコンサルティングが必要ですし、顧客毎に商談をします。求められる知識は、少なくとも顧客のことと、物流に関して幅広く求められます。
　受注の引き合いがありますと、倉庫の建設から始まり、設備やシステムの設計にも携わりますので、エンジニアリングそのものに参画することになります。

　営業活動の核になるのは、調査と**ヒアリング**です。その第一歩目に、顧客ニーズの把握や、物流としての基礎データ（アイテムと物量等）の収集を行います。
　基礎データに基づき、運営方法、システム作り、拠点の選定や建設、設備の選択、組織と人員体制、センター使用料の試算等をして、**提案書**を作ります。
　提案書は、投資や組織に係りますので、社内で審査を受けます。
　提案書を持って、商談に入ります。
　販売に成功するには、調査とヒアリングに基づく**企画力**と**提案能力**が必須です。販売という側面では、客先との人的関係作りが大事です。
販売職の一般的な特性としては、企画力（特に独自性）、論理性（物流の基本）、収益・利益を生む力、提案等の伝える力や納得させる力が、必要かと考えています。

## 2．営業のステップ

営業のステップを書きますと、次のようになります。
①調査・ヒアリング（顧客ニーズの把握、基礎データの収集）
②把握されたニーズの解析
③提案書作り
　・提案の目的
　・提案企業（自社）の紹介と特徴
　・提案の諸前提（対象商品、物量、納品先、業務サイクル等）
　・提案先の現状の課題と対策
　・提案事項
　・センター運営方式（店別通過型、総量納品型、在庫型、混合型等）と物流フロー
　・情報システム開発仕様
　・設備仕様、レイアウト
　・倉庫（現有物流拠点の活用調整、新規拠点建設又は賃借倉庫の調査）
　・開発と稼働プロジェクト体制、
　　運営組織・人員体制
　・投資コスト、運営コストの試算
　・センター料率算出（提出用）
　・センター経営収支算出（社内用につき未提出）
　・準備から稼働までのスケジュール
④社内検討をします（投資額によっては、社内稟議決裁が必要です。）
⑤顧客に提案します
　　客先がコンペティションを行う時は、コンペの場で説明することになります。
⑥提案の採用後
　・提案事項にしたがって、社内関係者と客先のメンバーと稼働プロジェクトを発足して、センターを稼働します。
　・センターを運営する会社への提案説明と、運営指導があります。
⑦稼働
⑧センター稼働後の定期的なフォローを行います。

## 3．ヒアリング項目

### 1）ヒアリングのフロー

販売を想定したヒアリング・フローです。

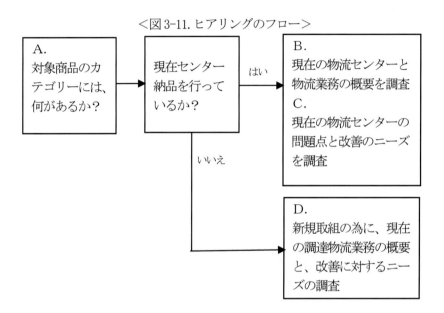

<図3-11．ヒアリングのフロー>

注．A, B, C の詳細な質問事項は、次項「ヒアリング内容」を参照ください。
　　D は、B と C を参考にして行いますので、質問事項は省略しています。

## 2）ヒアリング項目

ヒアリング・フローで示していますステップ毎の質問事項を列挙しておきます。顧客となる企業の概要（年商、資本金、組織等）については、省略しています。

A．対象カテゴリーの特長
A1．荷姿・保管条件
A1－1．対象カテゴリーの名称は何か？
A1－2．取り扱う上で注意すべき点はあるか？
　　　　　　（ワレモノ、危険物、高圧ガス、温度、湿気、腐食、腐敗等）
A1－3．荷姿の特長は何か？
　　　　　　（容積勝ち、重量勝ち、長尺、梱包形態が異形、梱包サイズが大きい、梱包サイズが小さい等）

A2．単価・商慣習
A2－1．1点当りの仕入れ単価はいくらか？
A2－2．商慣習で留意することはあるか？（業界毎に商習慣があります）

B．現在の物流センターと物流業務の概要を調査
B1．基本項目
B1－1．物流センターの所在地
B1－2．物流センターの規模（敷地面積、建物延床面積、建物階数）
B1－3．物流センター施設の所有関係
　　　　　　（自社保有、自社賃借、運営会社保有、運営会社賃借、他）
B1－4．物流センター運営は、どこが行っているか？
　　　　　　（自社、委託/卸売業・運送会社・倉庫会社・3PL等）
B1－5．自社専用物流センターか？
B1－6．物流センターの運営開始はいつか？
B1－7．店舗数とその配送方法、配送距離は？
B1－8．設備投資額はいくらか？（土地、建物、設備、システム等）

B2．基本機能
B2－1．物流センターの機能は何か？（店別通過型、総量納品型、在庫型）

Ｂ２－２．流通加工作業は行っているか？
　　　　　　　（小単位包装、値札貼り、セット加工等）
　Ｂ２－３．部門別取扱いアイテム数はいくつか？
　Ｂ２－４．部門別取扱高と、取扱物量はいくらか？
　Ｂ２－５．部門別取引先数はいくつか？
　Ｂ２－６．１日当りのトラック入荷台数は車種別に何台か？
　Ｂ２－７．１日当りのトラック出荷（納品）台数は車種別に何台か？

　Ｂ３．店舗のタイムスケジュールと，物流センターの運営スケジュール
　Ｂ３－１．店舗の営業時間帯は何時から何時までか？
　Ｂ３－２．取引先と店舗納品日をどのように決めているか？
　Ｂ３－３．店舗発注から店舗納品までのタイムスケジュールはどのように
　　　　　なっているか？
　Ｂ３－４．物流センターの稼働時間は何時から何時までか？
　　　　　　　（年間稼働日数、作業時間帯、曜日により異なるか）
　Ｂ３－５．店舗配送日はいつか？
　Ｂ３－６．物流センター運営のタイムスケジュールは何時から何時までか？
　　　　　　　（店舗発注時刻、取引先受注時刻、センターへの入荷時刻、店舗納品
　　　　　時刻、店舗補充時刻）

　Ｂ４．物流センター等の作業内容
　Ｂ４－１．物流センターには、取引先からどのような荷姿で入荷されるか？
　　　　　　　（カゴ車、ケース単位、パレット単位等）
　Ｂ４－２．取引先から入荷される時に、貼付されている伝票やラベルはあるか？
　Ｂ４－３．物流センターで、発行する伝票やラベルはあるか？
　Ｂ４－４．物流センターでの検品作業は、どの工程で行われるか？
　　　　　　　（入荷時、仕分完了時、トラック積込時）
　Ｂ４－５．物流センターでの検品は、何と照合して行われるか？
　　　　　　　（発注データ、取引先の出荷データ）
　Ｂ４－６．物流センターでの検品は、どのような方法で行うか？
　Ｂ４－７．物流センターから店舗へは、どのような荷姿で納品されるか？
　Ｂ４－８．店舗に納品される時に、貼付される伝票やラベルはあるか？
　Ｂ４－９．店舗での検品作業は、どの時点で行われるか？

B4−10. 店舗での検品は、何と照合されるか？
　　　　　（発注データ、取引先の出荷データ）
B4−11. 店舗での検品は、どのような方法で行われるか？
　　　　　（単品検品or 口数検品、
　　　　　　検品方法：JAN コード，ITF コード、PD ラベル、リスト）

B5．情報処理
B5−1．1日当りの伝票枚数は何枚か？
B5−2．オンラインで送受信されるデータはあるか？
　　　　　（受発注データ、事前出荷データ、納品データ、在庫データ）
B5−3．データ送受信に利用されるＶＡＮ会社はどこか？

B6．商流
B6−1．物流センターの商品在庫の所有権は、どの会社のものか？
B6−2．取引先からの仕入計上は、どのタイミングで行うか？
　　　　　（センター入荷検品時点、店舗納品検収時点）

B7．店舗作業
B7−1．店舗人員数は何人か？（社員、パート）
B7−2．店舗作業の工数内訳は、どのようになっているか？
　　　　　（荷受け、検品、定番補充、エンド陳列、チェッカー、清掃等）

B8．センター使用料
B8−1．物流センター運営費用は、誰が負担しているか？
B8−2．物流センター使用料が取引先の負担の時に、センター使用料はいくらか？

B9．マテハン機器
B9−1．入荷口・エリアはあるか？　その面積はいくらか？
B9−2．荷揃えエリア、出荷口・エリアはあるか？　その面積はいくらか？
B9−3．ケース仕分は、どのような方法か？
B9−4．ケース仕分にソーターを使用している時は、ソーターの能力はどれくらいか？（シュート数、仕分能力）

B9-5．ピース仕分はどのような方法か？
B9-6．ピース仕分でピースソーターを使用している時は、ピースソーターの
　　　　能力はどれくらいか？（シュート数、仕分能力）
B9-7．ピース仕分でデジタルピッキングを使用している時は、デジタルピッ
　　　　キングの能力はどれくらいか？（間口数、作業人員、仕分能力）
B9-8．保管設備はあるか？
　　　　（パレットラック、中量棚、自動倉庫、平置き等）

C．現在の物流センターの問題点と改善のニーズを調査
C1．現在の物流センターには、どのような問題点があるか？
C1-1．作業品質はどの程度か？
　　　　（品質調査項目：誤納率、遅配率、破損率、在庫ロス率）
C1-2．物流センター能力はどの程度か？
　　　　入出荷量に対応した入荷能力・出荷能力・在庫保管能力になっている
　　　　か？スペースの予備はあるか？
C1-3．物流センター運営能力はどの程度か？
　　　　物量は把握されているか、運営計画はあるか、
　　　　物流費は把握されているか、工程別生産性はどの程度か、
　　　　作業員の充足度、店舗発注と納品のリードタイム、
　　　　流通加工業務、返品処理、
　　　　物流センター使用料等
C1-4．運営主体はどこか？

C2．要望事項
C2-1．店舗作業を軽減するために効果的と思う方法は何か？
　　　　（定時一括納品、ノー検品、部門別納品、欠品の削減、納品精度の
　　　　向上等）
C2-2．新しい物流センターを検討しているか？
C2-3．物流センター運営委託先の変更を、検討しているか？

# 第 3 章　共同配送事業

## 第4節　共同配送の営業実績

### 1．共同配送の拠点

　開設した共配事業の物流拠点を年度別に挙げておきます。当初の事業計画通りに、花王の物流拠点と併設で進めていました。営業活動をしますと、共配用に単独拠点を作らないと、間に合わなくなりました。1997年から2004年までの結果は、併設拠点が22箇所、共配の単独拠点が36箇所になりました。

<表3-15. 共配拠点>

| 年度 | 共配と花王併設拠点 | | 共配単独拠点 |
|---|---|---|---|
| | 拠点名<br>(LC) | 拠点名<br>(フロントターミナル、<br>スルーターミナル) | 拠点名 |
| 1997 | 加古川 | 横浜 | |
| 1998 | 沼南<br>仙台 | 広島西、日進、<br>甲府、清水、栃木、<br>長岡、岐阜、大津 | 高知東 |
| 1999 | 石狩<br>坂出 | 千住、宮崎、<br>岡山、 | 岡山東、福岡東、南国 |
| 2000 | 石狩 | 八尾 | 高崎、春日部、盛岡南、門真、<br>いわき南、岡崎南、愛甲、尼崎、<br>岡崎、相模原 |
| 2001 | 北九州 | | 松山東、京都南、大東、灘、<br>米子、福山、可児 |
| 2002 | | | 山形西、石狩西、岡山東<br>徳山、名古屋西 |
| 2003 | 尼崎<br>米子東<br>青森 | | 米子、廿日市、厚木<br>徳島南、金沢 |
| 2004 | 尼崎<br>石狩 | | 立川、厚木、大東<br>京都南、金沢北 |
| 計 | 9拠点 | 13拠点 | 36拠点 |

## 2．営業成績

1996年に事業計画を提出しています。その事業計画を超える売上高等になりました。営業利益は、営業利益率としては計画値よりも下回りましたが、黒字でした。営業利益率は、事業としては、もっと率を上げるべきだったと考えております。

事業計画で起案したとおりに、ドラッグストアにアプローチを特化していきました。ドラッグストア業界の市場規模５４０億円に対して、顧客数は３３社になり、推定シェア２０％以上を確保できました。

<表3-16. 顧客数と通過金額>

| 項目 | 1998年 | 1999年 | 2000年 | 2001年 | 2002年 | 2003年 | 2004年 |
|---|---|---|---|---|---|---|---|
| 顧客数 | 10 | 17 | 25 | 32 | 34 | 38 | 40 |
| 通過金額(億円) | 546 | 1,076 | 2,300 | 2,950 | 3,681 | 4,197 | 4,650 |

## 第5節　共同配送の戦略とその後

### 1．共同配送の戦略評価

　共配の事業戦略を2軸で評価しました。即ち、「優位性構築の可能性」と、「競合要因選択肢の幅」を仮説として考えて、評価しました（図3-12）。このフレームワークは、和田勲生著『戦略の本質』を参考にしています。

<図3-12. 優位性マトリックスから見た評価>

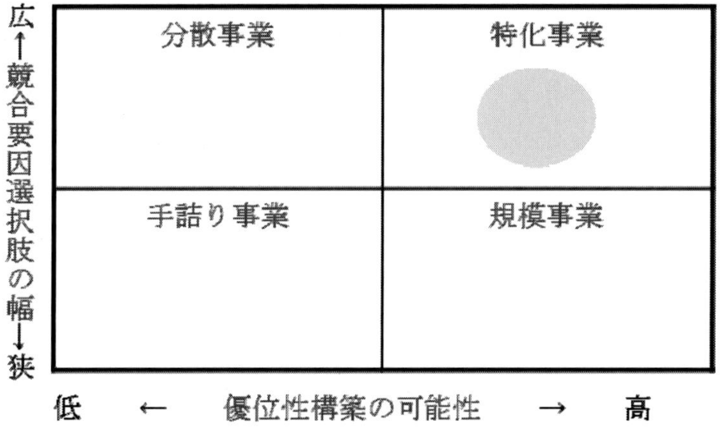

| 競合要因選択肢の幅　広←→狭 | 分散事業 | 特化事業 |
|---|---|---|
| | 手詰り事業 | 規模事業 |

低　←　優位性構築の可能性　→　高

　「**優位性構築の可能性**」は、築くべき競争優位のことです。
①構造的優位性としては、市場の中で独特な地位を構造的に築くことです。
②組織能力に基づく優位性ですが、組織風土や文化を包含した大きなシステムの中で成立する優位性です。
③内部効率化の優位性です。日頃から改善指向で仕事に取り組むことを言います。

　「**競合要因選択肢**」は、競争の仕方と要因のことですが、別な言い方をすれば、顧客は何を基準に評価しているのかです。

①センター料率の設定
②物流サービス内容の選択
　・店別納品、総量型納品、在庫型の選択あるいは複合化
　・部門別納品、定時一括納品、ノー検品、EDI等の機能レベル
③品質（ピッキング精度、汚破損、定時店着等）
④情報処理能力等
が考えられます。

　これらの要因の内、顧客が委託先を決める選考基準の中で、センター料率が圧倒的な優位性を持ち始めていました。提案料率は、「安ければ良い」と言わんばかりの企業が増えていました。

　確かに、②物流サービス内容、③品質、④情報処理能力が良くて、センター料率が低いというローコストは魅力です。ローコストとして何を行っているかという点では、学ぶべきこともあります。

　しかし、度を超したローコスト契約提示は、契約を獲得するには良いでしょうが、契約後に仕様を詰めていく時に、仕様のまずさ加減が露呈することがあります。その際に、委託業者より、再度、契約料率を挙げていただきたいとの話も出てきます。また、物量提示が曖昧なために、見積提出会社間で見解が分かれており、比較にならないことがあります。

　委託を検討される時には、提案仕様書の作成時には、契約後のことも検討されることと、委託先をどのような評価基準で比較評価をするのかを予め作成しておくことです。

## 2．築くべき競争優位は何か

　事業の特性上、本来は、「**特化事業**」として位置づけていましたが、次第に地域に根差した「**分散型**」の事業になっていきました。
　特化型の事業は、差別化の余地が、大きく、固有の優位性を築くことが可能です。違いを提供するための技術やコストが、全体の内の大きな部分を占めております。
　一方の分散事業は、物流センターの性格上、地域性が強く、参入障壁が低く、少ない投資でも参入できます。あるいは、人間関係が優位性の基盤になっていますので、優位性が変化しやすい状況にあります。

　築くべき競争優位は何かが、検討されました。
　一つ目が、構造的な優位性です。市場の中で独特な地位を構造的に築こうとするものです。例えば、特許（パテント）に守られた技術を保有して、特定市場の中で高いシェアを保有していこうとするものです。
　提供するサービス内容、品質やコストに関わります。成長期の共配事業は、総量種蒔の技術では独断場でした。
二つ目が、組織能力に基づく優位性です。共配事業であれば、エンジニアリング能力や、運営する能力が相当します。運営上の品質やコストに関わります。

　共配事業で、「構造的優位性」で成長していくには、「組織能力に基づく優位性」が重要だと考えております。物流では、仕組みを企画・設計するのも人、それを運用するのも人です。成果は、企画・設計と運用の両方を、刷り合わせる組織能力が決めるのです。
　共配の方向は、特化事業にすることです。

## 3．サプライチェーンを担うには

### 1）総量型の限界

　ＫＳＢの設立当初は、小売業のロジスティクスとマーチャンダイジングの統合を考えておりました。

　小売業の調達物流を中心にしたサプライチェーンを考えますと、品揃え、広域出店、在庫の三つの要素があります。設立時の考え方からしますと、品揃えや広域出店に対応した提案が行えました。その点では、メーカーの物流事業として、品揃えに対応した総量型物流センターの仕組みを提案するうちは、優位性がありました。

　しかしながら、サプライチェーンを考えますと、在庫型を取り組まざるを得ません。理由としては、ノードとリンクから言えば、在庫型にして卸売業の在庫を活用すれば、少段階になります。メーカーから店舗までの在庫量を考えれば、卸売業の在庫機能を使った方が、削減できます。サードパーティ（３ＰＬ）と雖も、在庫型とそれに関連する一連の業務処理を構築するには課題があります。

　卸売業をみますと、小売業との帳合問題を別にすれば、サプライチェーンの中で在庫機能としては、優れたものがあります。

　欧米のように、小売業の規模が、上位１０社で市場の過半数以上を占めるようになれば、日本でも、メーカーと小売業との直取引が、さらに進行していきます。いましばらくは、大手小売業は、品揃えの観点から、卸売業に対して、同じカテゴリーの中の大小様々なメーカーの品揃えに期待することになるでしょう。

　卸売業にとって、品揃えは通常業務としてやっていることですし、広域出店対応も、卸売業の事業規模次第ですが、全国対応ができます。それにプラスして、受発注機能、情報機能、物流機能が、既に卸売業の経営の中に組み込まれています。

　日用品卸売業の大手の在庫管理能力を、確認してみますと、**「仕入振替方式」**の例があります。仕入振替方式は、中央物産が最初に手掛けております。

第5節　共同配送の戦略とその後

　仕入振替方式では、在庫型の一括物流を、小売業の帳合構造のままにして運営しております。
「仕入振替方式」は、卸売業が、メーカーに発注し、在庫管理する方式です。
卸売業は、仕入れた商品を店舗発注に基づき納品します。受注した商品の帳合先が他卸売業の時は、他卸売業に仕入振替しますので、小売業は、通常通りに受発注・納品・代金決済ができます。また、他卸売業は、受発注や納品には関わることはなく、代金決済のみになります（図3-13）。

<図3-13. 仕入振替方式一括物流モデル図>

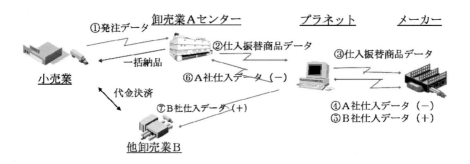

## 2）サプライチェーンの構造と卸売機能

（1）センター納品のタイプ
　改めて、センター納品のタイプを挙げますと、通過型（transfer center）と、在庫型があります。サプライチェーン上の課題については、図3-14「センター納品のタイプ」を参照ください。
要点としては、ＴＣ型や小売主体の物流センター運営では、センターフィーと在庫に課題があります。
　この点につきまして、次項でモデルを使って、説明いたします。

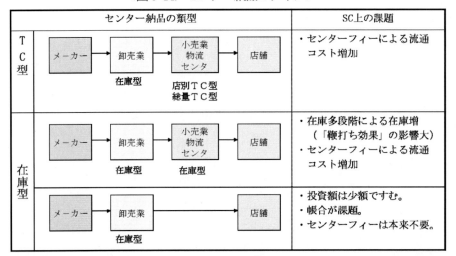

<図3-14. センター納品のタイプ>

注. 鞭打ち効果 (bullwhip effect, ブルウイップ効果) 多段階の需要－供給が行われる流通過程 (サプライチェーン) において、末端 (需要側) から源流 (供給側) に向かって需要情報が連鎖的に伝えられるうちに、発注数量が実需とは乖離したものになってしまう現象のこと。

## 第5節　共同配送の戦略とその後

### （2）センター納品タイプによるコスト比較

#### ① モデル設定

サプライチェーンにおける総物流費（工場から店舗まで）の検討を、モデルを使って行います（図3-15）。

モデルAは、小売業が、センター運営するモデルです。

モデルBは、卸売業が、同等のサービスレベルの運営するモデルです。

試算の前提としては、次の通りです。
- 商品1口（ケース、オリコン）当たり出荷額は、5千円／口とします。
- 物流費の試算範囲と1口当たりの物流費：
  - メーカー、卸売業、小売業の各企業における庫内費（作業費及び、設備投資等含む）と、輸配送費を範囲とします。
  - 物流費は、出荷数量で1口換算した値です。
- 作業費等の金額は、筆者の製配販での経験値によります。

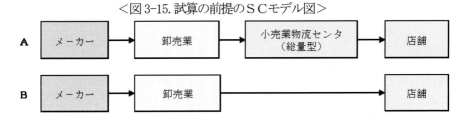

＜図3-15. 試算の前提のＳＣモデル図＞

＜表3-17. 総物流費のモデル比較＞

| モデル | メーカー | | 卸売業 | | | 小売業 | | 合計 |
|---|---|---|---|---|---|---|---|---|
| | 庫内費 | 輸送費 | 庫内費 | 配送費 | センターフィ | 庫内費 | 配送費 | 計 |
| TC型コスト | 120円 | 50円 | 125円 | 60円 | 165円 | (75円) | (90円) | 520円 |
| 比率 | 3.4% | | 3.7% | | 3.3% | (3.3%) | | 10.4% |
| 在庫型コスト | 120円 | 50円 | 140円 | 90円 | 0 | 0 | 0 | 400円 |
| 比率 | 3.4% | | 4.6% | | | | | 8.0% |

197

第3章　共同配送事業

② モデルの総物流費比較

モデルAの総コストは、５２０円／口、モデルBの総コストは、４００円になります（表3-16、前頁）。

両モデルの単位当り総コスト差は、１２０円／口です。物流費対売上比率では、２．４％のコスト率の差になります。

モデルで比較しますと、サプライチェーン上は、卸売業の在庫型物流を活用する方が、明らかに優れています。

# 第4章
## 良いエンジニアリングのために

# 第4章　良いエンジニアリングのために

## 第1節　技術所感

### 1．コンコルドの誤り

　あるオスの鳥が一羽のメスを気に入って、せっせとエサを貢いでいました。ところが、メスは相手にしてくれません。オスはそのまま求愛を続けるでしょうか？

　それまで求愛につぎ込んだエサや労力が無駄になるので、求愛を続けるだろうという見方があります。こうした見方を、行動生態学では**「コンコルドの誤り」**といいます。

　英仏共同開発の超音速旅客機コンコルドの開発途中で、採算が合わないことがわかりました。それまで費やした巨費が無駄になるとして、開発が進められることになぞらえた言葉です。

　実際の動物の行動は、過去の投資の大きさにかかわりなく、**将来の見通し**と、**現在の選択肢**によって決まるように、進化してきたといいます。

（出所「毎日新聞」2005年6月18日余録欄）

　開発と投資の問題を考えさせる一文です。動物の行動の中に「将来の見通しと現在の選択」が備わっていること自体が、驚くべきことです。

　別の見方をいえば、成功した方々がいう言葉の中に、「成功と言われるまで、やり続ける」方法があります。

## 2．技術は新たな便益の提供

　エレトロニクスの技術革新は、過去20年に亘って、生活に大きな変化をもたらしました。それは、千年来、人類が営々として受け継いできた生活様式を一変させるものでした。エレトロニクスの変化に対応できない企業は、次第に歴史の中に消えていきました。

　技術が、生活を、そして世界をリードしているといえるでしょう。**技術**は、新しいコンセプトや新しいものの見方を提供します。技術は、新たな便益を提供します。

　1994年坂出LCと1995年堺LCで、稼働しましたバラピッキングの自動化技術も、新しい考え方を提起しました。

　1997年横浜センターで、部門別に商品を仕分して、店舗にお届けすることをしました。伝統的な店の軒先までお届けするという考え方から、店の売場までを視野にいれた物流への転換です。消費者が買いやすい売り場を作るために、物流はどのような考え方をすればよいのかへの提案でした。まさしくマーチャンダイジングとロジスティクスを融合した考え方でした。

　原点は、花王単独物流からオープンな物流への物流の考え方の転換でした。

## 3．構想力／ソフト

『日本の技術　いまが復活の時』水野博之著から、著者の知人（米国人）の発言を引用します。

「ハードの世界では、日本はたしかに卓越したものを持った。これは、私も認める。しかし、今後はハードをどう使うか、いや、どんなハードを構想し、そこからどんな社会を描き出すか、という時代に入っていくと思うよ。この**構想力**を広い意味で**ソフト**と呼ぼうか。こいつは見えないからねえ。これに反して、ハードは確実に見える。見える世界での物づくりと、見えない世界での物づくりは本質的に違うのだがなあ。それは、ワラジを編むことに熱中する人は、永久に殿様になれないのと一緒だよ。

マイクロプロセッサを見たまえ。これは、見かけはハードだ。しかし、内容は文字通りソフトだな。人間の構想力の魂が、その中のROMというメモリーに入ってこれを動かしている。

「コンピュータ、ソフトがなければただの箱」

ソフトが、ハードのなかに入り込み、これを支配しているわけだ。マイコンの生命はソフト、いわば構想力なのだ。この例にみるように、いまからの付加価値はソフトに移っていく。構想力に移っていく。結果としてのハードがある、というわけさ。メモリーなんて、ハードの塊は誰にだって作れるさ。真似ができないのは、個々の人間の**独創性**だ。こいつこそ、人間を、人間らしくしている。」

技術が直面している本質的な問題が語られています。日本における、いままでの技術は、すでに原型のあるものをいかに安くうまく作るかということでした。しかし、コンピュータあたりから事情は変わってきました。コンピュータは、コンセプト（ソフト）の先行する商品（ハード）です。ハードを見ただけで、その機能がすべてわかるわけではありません。

物流設備もまた然りです。コンベアやデジタルピッキング設備、RIOS、CMS等といったハードがあっても、ボタン一つでその機能をすべて動かせるわけではありません。物流機器及び運営は、情報システムが動かしているといっても過言ではありません。

「いかに作るよりも、何を作るか」または「どう処置するかより、どう構想するか」への変化と言ってよいでしょう。**見えないところに仕事の重点が移っています。**構想力やコンセプトが、ハードを左右しているのです。

## 4．システム技術

　1960年代、アメリカ人の興味を沸き立たせた2つの技術があります。ケネディ元大統領によって計画された「月に人を送り込む」ことと、ＲＣＡの技術者によって提案された「平板テレビ」です。

　結果は明白でした。月への到達は、1969年に成功しています。平板テレビは、いまだに（1998年1月当時）モノになっていませんし、ＲＣＡは潰れてしまいました。その違いは、何でしょうか。

　「月への到達技術」は、**システム技術**です。システム技術は、すでに確立している部品を、信頼性高く組み立てる技術です。

　「平板テレビ技術」は、多くの**要素（コンポーネント）毎の革新**を必要とします。要になる液晶は、実用化されるまでに、実に100年の年月を必要としました。

　ロジ部門開発グループは、どちらの技術を目指しているのでしょうか。それは、「システム技術」です。忘れてはならないことがあります。コンピュータは、ソフトがなければただの箱ですが、ハードのないソフトも、絵に描いた餅に過ぎません。このことを心に刻むべきです。

　物流技術を実現していくためには、先行する構想力があって始めて、ハードは生きます。しっかりしたハードがなくしては、どうなるものでもありません。24時間365日安定稼働する為には、強いハードの選択、あるいは開発して、システムとしてまとめ上げることです。

## 5．標準化

　技術に係ることの中で、戦略という言葉を付けて語られる分野が二つあります。**特許**と**標準化**です。
　企業の特許戦略の善し悪しが、企業の存亡を左右することがあります。
　**標準化**は、どうでしょうか。標準化には、日本工業規格（ＪＩＳ）や、国際標準化機構（ＩＳＯ）等のデジュールスタンダード（公的な標準）と、デファクトスタンダード（事実上の標準）が、あります。市場の覇者が、その製品の標準を決定するというデファクトスタンダードの怖さを、ハイテク製品の競争で各企業は経験しています。
　公的な標準の分野では、欧米諸国が、標準化を、国際競争を勝ち抜く手段として取り組んでいます。品質管理を以前からやっていると位置づけてきた日本の企業にとって、心胆を寒からしめるものでした。標準化戦略、特に国際標準への関心が低い日本は、技術開発レベルが高いのに、標準化では欧米各国の後塵を拝することが多いのです。
　この辺の事情が、『国際標準が日本を包囲する』に活写されています。日本企業が何をなすべきかという指摘の中に、研究開発と標準化の連携強化があります。開発段階から、その技術を世界標準にしようとすれば、開発の初期から同業他社と連携して、ファミリー化を図るべきではないかといっています。例えば、自社の研究者だけでなく、外部の資源を使うべきではないか。他社の技術との互換性はどうか。周辺商品とのインターフェイスはどうか。海外の仲間を作りやすい技術内容になっているかなどを検討すべき点は多くあります。優れた技術や開発を客観的に評価する手法も標準化しておくことです。
　一企業内の物流標準化を目指した活動、即ち先立の努力で、標準化の便益を今日享受しています。今後は、業界はいうに及ばず、産業間の標準化を図り、インフラとしての物流を構築するべきでしょう。

　**ＥＣＲ**（efficient consumer response）が盛んに検討されていました。ＥＣＲの前提として、**ＥＤＩ**（efficient data interchange）があります。ＥＤＩによって、取引情報がコンピュータで処理され、オンラインで交換されています。欧米では基本的には、ＥＤＩＦＡＣＴ（electronic data interchange for administration, commerce and trasport）という国際標準によってデータ交換がされています。

第4章　良いエンジニアリングのために

　日本では、標準が不在で、個別企業ごとに通信プロトコールも、データフォーマットも異なっており、先が見えていません。

注．日本でも流通BMSが、2006年頃より普及し始めました。なお、流通BMSは、流通ビジネスメッセージ標準（business message standards）の略です。流通事業者であるメーカー、卸、小売が、統一的に利用できるEDIの標準仕様です。経済産業省の流通システム標準化事業により、2007年4月に制定されました。

## 第2節　技術開発

### 1．技術開発にあたって、ほどよい不便さ

　西岡亘一氏は、法隆寺、薬師寺、法輪寺などで、築1000年以上に亘る金堂や塔等の解体修理や再建を行った宮大工の棟梁です。彼が、興味深い指摘をしています。飛鳥時代の創建の頃からの材木や釘などとともに、さまざまな時代に行われた再建修理の際に使われた材料や技術が、現物として残されています。各時代の宮大工がどのような道具を使い、どのような心で働いていたかを、建物が物語ってくれると、言っています。

　彼の著『木のいのち木のこころ（天）』の中で、次のように書いています。

　「赤心、頭を垂れて考え抜くということになります。ですから、簡潔さが表に出ます。本音で迫ろうという気が、建物に出てくるのです。飛鳥、奈良、平安、鎌倉時代の特性が、ちゃんとあって、美しさというのがきちんとしています。この後、室町時代になりますと、さまざまな大工道具が出てきます。それまでは使われなかった台鉋が出ますし、板も鋸で挽くようになります。便利さが追求されるようになります。

　それ自体は悪いことではないのですが、便利なものが出てくると、人間はやっぱりそれを頼りにし、本来のものを忘れていくのです。そうなると、ものを頭で造るようになります。計算ができるようになって、仕事の能率ということが主になっていきます。

　それまでは、道具というても知れていますし、板も割らなければなりません。どうしても、一つ一つ手に取って、木の性質を見極めないと仕事ができません。そうやって、ものの本質を見極める訓練を積んできたのですが、それがなくなっていきます」

　生産技術が、資本主義経済に結びついて、競い合うのが現代社会です。日常的な生活における便利さを競い合うことで、経済も発展し、生活も便利になるため、人間は「**持つために在る**」（エーリッヒ・フロム）という意識で、人生を生きています。現代に生きる人間は、コンビニや、自動支払いシステム等のコンピュータによって計算された便利さが提供される、安易な生活に慣れています。心を籠めて人生を生き、心を籠めて仕事をする生き方から遠ざかっていませんでしょう

## 第4章　良いエンジニアリングのために

か。頭で生活をし、頭で仕事をする便利さの一方で、鉄道、病院、食品会社、宇宙技術といった社会的システムの事故が発生します。この混迷から抜け出すためには何をするべきでしょうか。

最近になって気づいたのは、平凡なことでした。道具が、人間とよい関係を作るためには、**「ほどよい不便さ」**というものが必要ではないだろうか、ということです。ほどよさを超えてどちらかに振れますと、道具はやっかいなものになります。便利さを追求しすぎると、人間と道具の関係が「持つために在る」という状態になります。人間は道具の便利さに慣れて、「心を籠めて思い」、「心を籠めて働く」ことをしなくなります。

ほどほどの不便さを積極的に受け入れれば、人間の側からの積極的な働きかけが必要になるために、道具に振り回されることはなくなります。

「ほどほどの不便さ」の「ほどほど」とは、どういうものでしょうか。「ほどほどの不便さ」は、市場をどのように変えていくのでしょうか。

人間が、解決しなければならない問題にぶつかった時に示す態度には、二つあります。

第一は、自分が、今どうすればよいかの「答え」を求めることです。

第二は、問題の本質を知るために、今、何を自分に問うべきかを探すことです。

これまでの技術は、「ユーザーとは答えを探す人だ」と想定して、その答えを予めチップに記憶させたうえで、ユーザーに与える方向で進歩してきました。例えば、デジタルカメラがいい例でしょう。

一方で、新しい問いかけが、各自の未来を切り開いていく多様化の時代が始まっています。これまでの意識を変えていかないと生き残れなくなっていくでしょう。

コロンブスの新大陸の発見は、「もしも地球が球体であるならば、西へ西へと航海を続ければ、また元の位置に戻るはずではないか」という問いかけから始まったのではないでしょうか。コロンブスは、ひたすら新大陸との出会いを待つ時間の中で、航海を続けました。

新しい問いかけは、自問自答の形で起きます。新しく問いかけることは、人間でしか起きません。ＡＩはどうでしょうか。

## 2．新しい問いかけができる設計思想

　自動化技術で問われていることは、「新しい問いかけができる」という設計思想ではないかと考えております。顧客の変化や要求に対して、設計で答えていこうとしますと、どんな課題にも対応できる「自動化技術」があるだろうかとの問いを発することになります。「自動化技術」は、あらゆる場合を想定して、答えを用意しておくことができるかという疑問でした。「未来の標準化」を想定していることが問われます。

　環境が変化していく中で、技術の未来を読み切ることができるでしょうか。

　むしろ、「新しい問いかけができる」という思想で設計することもあるでしょう。新しい問いかけを行えば、変化に対して、未来を切り開いていけるように、したいものだと考えています。

　物流設備は、作業という視点で見ますと、繰り返して使う設備が多く、直ぐに変化に対応という風にはならないのかもしれません。しかしながら、堺LCで経験したように、商品という視点では、荷姿や形状等が変わっていきます。未来の標準化という点では、十分に考えておくことが必要です。


　かつての自動化は、M2M（machine to machine）のように、モノ中心のネットワークでした。作業状況をリアルタイムで掌握できるようになりますと、いわゆる、IoT化が進み、モノ同士のやり取りと同時に、ヒトとモノとのやり取りが行われるようになります。そうしますと、モノからヒトへの問いかけが起きますし、モノを作ったメーカーとの間でも問いかけが起きるのではないかと考えています。

## 3．実際に何を自動化しますか

　今日、改めて自動化が問われています。では、物流では何を自動化したらよいのかと問われたら、どのような解をするのでしょうか。
　庫内作業に限ってみますと、作業時間が人手によって、大幅に時間をとられている工程、例としては、バラピッキング工程や、積み付け工程です。人間にとって不得手な反復作業をする工程が自動化の対象になるでしょう（図4-1）。

<図4-1．物流センター内の作業内容と時間数の例>

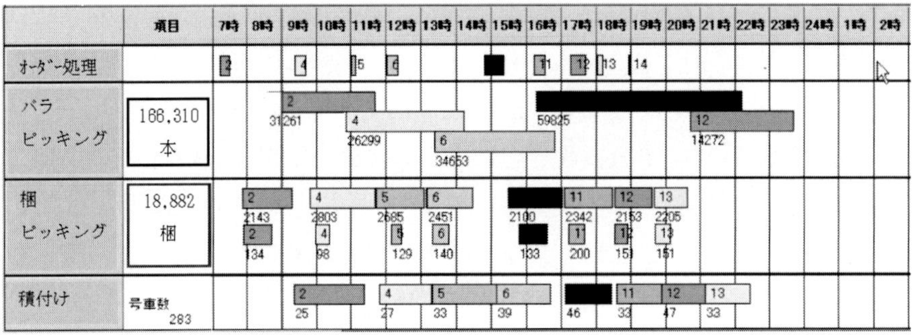

| 作業工程 | 物量 | 運転時間 | バッチ数 | 作業内容 |
|---|---|---|---|---|
| バラピッキング | 166,310 本 | 14時40分 | 5 | 人手中心 |
| ケースピッキング | 18,882 ケース | 12時50分 | 8 | 自動化ライン中心 |
| 積み付け | 283 号車 | 12時30分 | 8 | 人手中心 |

　①バラピッキングを例に上げますと、1件のピースピッキングをするためには、どのピースピッキングの設備であれ、**作業者の作業動作**には、作業に取り掛かる準備→ピッキング間口への移動→ピッキング作業→元の場所に移動→作業の後片付けがあります。この作業動作の繰り返しを行います。作業動作の中では、**移動時間**が非生産的です。移動させない（歩行しない）仕組みを考えることが、ピースピッキングの生産性を、現状の2倍以上にするでしょう。既に、**棚を動かす仕組み**が、Kiva System（アマゾン社）や、日立製作所発売のRacrewで、実現さ

れています。また、人が乗って動く超小型パーソナルトランスポーター（商品名：ウォーカー／A4サイズの電気自動車）が発表されています。

　②**ピッキングそのものの作業工程の自動化**は、商品の認識、商品の形状と1ピース単位の把持をどうするのかにかかっています。

　最近の技術レベルでは、個体の認識技術は上がってきています。商品コードは、バーコードだけでなく、二次元コード（QRコード）が印刷されていたり、RFID（radio frequency identification）が、添付されたりしてきています。これらのコードをスキャンする手間をなくして、自動認識するリーダーもありますので、商品投入の作業が単純化されます。

　商品の形状によって、自動化は変わるでしょう。ケースを対象にするのか、ピースを対象にするのかでも違います。商品の形状については、ケースであれ、ピースであれ、既述したように、形状はどんどん変わっていきます。未来を見通すことの困難さがついて回ります。

　③ケースに梱包されているピースを取り出すにはどのようにするのかと言えば、商品を単品で把持することになります。ぴったり詰まったケース中からピースを一つひとつ取り出すのはやはり課題になります。モノを掴む技術の開発が待たれます。もちろん脱段ボール化して、取り出すことを止めるか、取り出し易くするという別の発想もあるかもしれません。

　④作業工程の中で気になる点は、荷揃えするケースの積み付けと、積込です。庫内作業としては、最終工程ですが、積み付けと積込となると、商品保護の為に、商品単位毎の重い・軽いで、積み方が変わります。配送時の積み降ろし順とも関係しますので、庫内作業と配送とをシステム的に関係つけることになります。

　作業の自動化は、安全性、品質、生産性のいずれの課題も上げたうえで、かつ投資効果が明らかであることでしょう。

　⑤輸配送のトラックは、今の技術では、早晩、「**自動運転**」になるでしょう。

## 4．技術者としての心構え

　変化の時代で成功するには、リスクを取って、チャレンジする心構えが求められます。プラム畑から世界的な技術センターへ変身し、成長したシリコンバレーの教訓は、「リスクテイク」、「スピード」、「厳しい競争」であるといわれています。

　新たな環境の中で、ベストな商品・サービスを開発し、ベストな事業の仕組みを生み出すことです。

　これからの技術者は、より積極的に、自ら変化の中に飛び込む勇気を持たなければなりません。自分の専門分野を掘っているだけでは、井の中の蛙になりかねません。技術者だからこそ、社会や経済の動きに敏感でいてほしいのです。「構想力」と、「スピーディな実現力」が求められます。

　もう一つ、仕事を進める上で、大事なことがあります。「**塵を払わん、垢を除かん**」という言葉です。仏陀が、弟子たちに与えた言葉です。弟子の一人は、黙々と掃除することによって、悟りを得ることができました。掃除をしているうちに、心の塵、心の垢を取り除くことができました。

　「環境整備」は、清潔、整理、整頓の３つの活動を行うことです。

　**清潔**は、いらないものを捨てる、いるものを捨てないということです。人の体で例えると、いらないものを捨てずにしておくことは、便秘になります。いるものを捨てていましたら、下痢になります。

　**整理・整頓**は、あるべきものが、あるべきところにあるようにすることです。即ち、あるべき物、物の置き場所と、置き方を決めておくことです。

　まず、自職場で実践することです。次に、担当している物流センターが環境整備しやすく、設計・施工することです。

　庫内情報システム（全棚管理）では、すべての商品が、置く場所と置き方を決めて、マネジメントしていますので、誰もが楽に在庫管理や仕分作業ができるのです。

　設計中であれ、完成図書であれ、メンバーが必要情報を検索できるようにしたいものですし、情報の共有になります。そのためには、情報の蓄積と検索ができるように、データの整理・整頓が必要です。今日のデータベースはその点では便利にできています。

## 5．良いエンジニアリング

### 1）良いエンジニアリングと良い物流設備

　良いエンジニアリングと良い物流設備であるための指標は、次のように考えています。
① 開発する物流機器やシステムの有用性と技術原理の妥当性があること
② 物流機器やシステムの性能を実証し、安定稼動と安全性が確保されること
③ 顧客のニーズにフレキシブルに対応できること
④ グローバル・スタンダードであること
　　　　通信プロトコール、データフォーマット
　　　　ＥＤＩ
　　　　商品コード
　　　　輸送容器パレット等
⑤ 品質レベルは、６σ（シックスシグマ）であること
⑥ パフォーマンス・バイ・コストが優れ、投下資本が回収できること
⑦ プランナーや技術者を育成すること

### 2）物流設備開発要件

① 技術の有用性
　・物流は、物・情報・金の流れを作ることに価値があります。
　・商品の価値を、維持します。
　・技術が、社会に役に立ちます。
② 物流の労働生産性の向上に寄与します。
　・運用上使い勝手がよいことです。
　・安定して稼働します。
③ パフォーマンス・バイ・コストが優れています。
　・設計諸能力を満たします
　・投資及び運営コストが、省力効果と収益を生みます。

## 3）物流設備開発手順

① コンセプトを明確にします。
② 全体と部分との関係を明確にします。
③ 開発仕様書を自ら作成します。
　　・目的
　　・機器及び、システム仕様
　　・開発スケジュール
　　・投資と費用
④ 新規開発設備は、実用テストを実施します。
　　・独自技術の開発は、会社の費用で行います。他社の経費では行いません。
　　・実用テストは、実運営ベースで行います。
　　・特許及び実用新案の申請と取得をします。
⑤ 既存設備・技術の購入時は、
　　・設備能力の図面を確認します。
　　・現物の視察（能力測定含む）をします。

# 第5章
# 物流経営に対する考え方

## 第5章　物流経営に対する考え方

　第5章を書くにあたって、物流部門に携わってから離任するまでの期間に、経営環境をどのように認識していたのか、年代別に並べてみることにしました。1997年の経営環境は、第2章第2節で書いています。以降、離任した2004年までのことを書いています。振返ってみると、基本構想や設計時、あるいは部門方針を策定する時に、経営環境を検討しています。

　将来のことを考える経営戦略を考える時に、参考になったのが、『イノベーションの本質』野中郁次郎・勝見明共著の一節にあります「**未来による主導**」です。
　要旨は、「我々は、なぜ、この世に存在するのでしょうか、存在するとは、どういうことなのでしょうか、という問いかけです。ハイデッガーは、時間の概念を軸に据え、「存在とは時間性を持つものである」と説いています。 つまり、「自分はどうありたいか」「どうありうるのか」という未来の可能性が見えて始めて、過去に蓄積された知識やノウハウは意味を持つようになり、再構成されます」と説いています。
　そして、未来と過去が一体となったとき、現在（here and now）の刻一刻の生き方がわかります。
　過去が、今を決めるのでも、未来を決めるのでもありません。
　未来というものを置くことによって、過去が意味づけられ、今が決まります。未来によって主導されてこそ、今という時が、日々、生き生きと刻まれるのです。

　企業理念を実現していくには、「マネジメント・ストラクチャ※」で考えたように、将来対応（経営戦略）と、「情報による自己発見」は不可欠です。経営環境の認識は、未来を見てこそ、活きてきます。

注※マネジメント・ストラクチャについては、拙著『経営実務で考えたマネジメントとリーダーシップの基本』を参照ください。

## 第1節　経営環境の認識

　年度毎の部門目標を考える時に、経営環境として感じていましたことを、確認しておきます。事業計画なり、部門目標を作成するに当り、経営環境と対話を繰り返していました。

### 1．1998年

　今、世界経済は、グローバル化が進み、全世界が、自由主義経済の波に洗われています。日本は、戦後50年余り経ち、我が国を支えてきた制度やシステムが、現状では機能しなくなってきたといわれています。
　我が国は、21世紀に向けて、「活力ある成熟社会」を構築していくために、新たな経済社会システムへの取り組みが求められています。行政、財政構造、社会保障構造、経済構造、金融システム、教育の**6大改革**が進んでいます。1998年は、明治維新や、太平洋戦争後の改革に相当する、本格的な改革がスタートします。
　改革の本質はなんでしょうか。「**規制緩和**」です。
　規制と、表裏の関係にある保護を基にした制度やシステムから、市場原理に基づいた競争する社会への変革です。これにより、結果平等の社会から、結果不平等な社会へ転換していくでしょう。それだけに、個人の自主と責任を深く自覚することです。
　日本経済は、構造改革の途上にあって、景気回復は至って遅いものがあります。金融システム改革が、日本経済に与える影響は大きいでしょう。中長期的には期待できますが、短期的には、倒産や失業の多発といった事態が、表面化してくるでしょう。事実、1997年には、大手銀行、証券、生保、ゼネコン等が、倒産や廃業をしました。規制や保護という「甘え」が、行き詰ったといってもよいではないでしょうか。
　1998年の経済成長率の予測をみると、民間企業の設備投資、住宅投資、公共投資などの投資部門は、全体的には前年比マイナスになりそうです。ＧＤＰの6割を占める民間最終消費支出が、せいぜい0.5％～0.8％ということになりますと、国内需要全体としてみれば、成長率はせいぜい0.5％前後だろうといわれています。

第5章 物流経営に対する考え方

## 2．1999年

（1）日本経済は不振なのか
　日本は、アメリカに100兆円貸しています。個人では1200兆円持っています。アメリカとの貿易でも7兆円から8兆円の黒字です。対外純資産は、124兆円です。ＯＤＡや、1人当りＧＤＰも世界トップです。先進7ヶ国の中では、数字上は、一番いいのです。
　これらの指標はいいのに、経済はどうして悪いのか、ということになります。一方で、借金しているアメリカが、経済では相変わらず活況を呈しています。

（2）日本はモノつくりでは勝ったが、金融では負けた
　モノを作って売るという経済行為があります。売りますと、費用を差し引いて利益を得ます。その利益を投資するという経済行為があります。経済行為の中で、日本はモノ作りには勝ったが、金融では負けたという説です。
　「**モノ経済**」と「**マネー経済**」は、一枚のコインの表裏のごとく、一体です。「モノの動き」と「資本の動き」が、一体であるならば、1980年代の「日米貿易戦争」の裏側では、「日米マネー戦争」が進行していました。
　吉川氏が書かれた『マネー敗戦』を読みますと、日本は、獲得した富（債権）を、「円」で持つべきであったのに、借金相手のドル建てで持ってしまった。これが、不幸の始まりだったとあります。日本はモノ経済で稼いだ莫大な資金で、アメリカの国債をせっせと買ったために、ジャパンマネーを流出させてしまいました。これが、吉川氏のいう「ドルの罠」であり、「マネー敗戦の端緒」です。
　（参考「我が国は日米マネー戦争に完敗しつつあり」雑賀孫市『WEDGE1999JAN』この資料は、1985年プラザ合意以降の日米間のマネーを巡る関係を要約しています。）

（3）ハード作りに強く、ソフト作りに弱い
　モノ作りの中でもハード作りには強かったが、ソフト作りには弱かったという説です。製品作りの世界では、グローバルブランドになっている製品は、強い力を発揮しています。
　ところが、「**全体を構想して仕組みを作り上げていく**」という意味でのソフト作りには、かなり遅れをとっています。追いつき追い越せという日本は、最終列車の仕上げでは勝っているようですが、次のジャンプでは負けています。

第1節　経営環境の認識

　物流を例にとりますと、日本の物流はグローバルの中では、極東の一拠点の地位に落ちています。海運から見ますと、神戸港の地盤沈下です。15年前までは、神戸港は東洋では一番のコンテナ取扱量でした。今日では、第1位が香港、第2位がシンガポール、第3位が高雄、第4位が釜山、第5位が神戸です。神戸港は、東洋のハブ港湾としての地位を完全に奪われています。

　理由は、二つです。海上コンテナの幹線輸送は、7～8万トン級の大型コンテナ船が主力です。このクラスの船舶は、水深15m以上ないと接岸できません。このようなバースは、神戸に一昨年1バースできただけです。港の整備において遅れを取りました。その上、規制緩和が遅れています。日曜日は荷役をしない上に、港湾料金が高いでは、貨物は逃げていきます。

　空港では、香港、シンガポール、ソウル等の国際空港は、4000m級滑走路を2～4本備えています。成田と関西空港の現状では、比較しようもありません。

注．『企業の競争力強化と豊かな生活を支える物流のあり方～官民が連携して、「未来を創る」物流を構築する～』2015年10月20日　日本経済団体連合会刊の第4章「港湾」の項に、「大型船舶が受け入れ可能となるように、大深度化・強度の向上に向けて、既存の公共バースの改修も含め、整備に取り組むべきである。」と書かれています。

（4）世界との競争

　21世紀の世界経済の中で、競争力を持って繁栄しうる企業体質をいかに構築しうるかということが、焦眉の急になっています。世界との競争に伍していける経営観、経営戦略、経営手法を構築していくべきでしょう。

　日本の経営システムは、コスト意識に甘く、利益に対してあいまいであるといわれています。市場シェアに代表される量的拡大に覆い隠されて、問題点が表面化しませんでした。何が問題かと言えば、資本効率の低さです。

（5）物流を制するものが、流通を制する

　第二次世界大戦で、日本はなぜ負けたのでしょうか。国家、政治、外交、軍事、経済における戦略に過ちがありました。戦略の失敗は、個別の戦術で一時的に勝っても、継続はできません。戦略を遂行していく過程（戦術）を見ますと、ロジスティクス（兵站）が、戦いの勝敗を決めていたのも事実です。

第 5 章　物流経営に対する考え方

　例えば、小売業立志伝中の中内氏を書いている『カリスマ』佐野著の中で、日本兵が武器も食糧もなく、飢餓に苦しんでいる様が、良く書かれています。戦後、中内氏がとられた牛肉調達への思いが、ダイエー店舗の牛肉売場の中から伝わってきます。
　1990 年の湾岸戦争では、パゴニス中将(米国、当時)は、著書『山動く』の中で、軍隊や戦争におけるロジスティクスの役割を詳しく書いています。

　経営において物流は、製・配・販を貫くマーケティングの重要な課題です。
　一つは、モノの動き（生産・販売）の実態を適確に把握し、最適な状態にコントロールできるようにすることです。
　二つ目は、モノの動きをコントロールするエンジニアリングができるかどうかです。このテーマを解決することによって、利益がより大きく生まれます。
　三つ目は、廃棄物を極小化することに応えられることです。

第1節　経営環境の認識

## 3．2000年

### 1）長期的な展望

（1）総人口の減少と少子・高齢化の進展
　長期的な展望をする時に、注目すべきことは、**総人口の減少問題**です。日本の総人口は、1995年10月現在で1億2557万人です。1997年1月に国立社会保障・人口問題研究所が公表した推計結果によれば、総人口は今後増加を続け、2007年に1億2778万人でピークに達します。後は、減少に転じ、2100年では6740万人になるものと予測しています。
　生産年齢人口（15～64歳）は、1995年をピークに、その後急減します。1975年から2015年までの40年間に、20代の人口は20％から10％に半減します。65歳以上の高齢者の人口は、10％から25％まで激増します。
　国連の定義によると、65歳以上の人口の比率が、7％を超えますと、その社会は「高齢化社会」といい、14％を超えますと「高齢社会」になったといいます。日本が高齢化社会になったのは、1995年です。日本が、急速に高齢化社会になったことを物語っています。
　日本は、社会システムを人口構造の変化に合わせて、急速に変えていかねばなりません。今、騒がれている年金問題や介護問題等は、いずれも象徴的な出来事です。
　政府は、雇用創出に力を入れていますが、何年か経つと、労働人口の減少により、雇用問題は、必然的に消えてなくなる可能性があります。
　消費者人口の減少は、老齢化市場の高まりを見せても、総体的には市場の縮小を呼ぶことになります。このように、人口の減少を梃子にして、日本経済は激変します。そのために、先を見たビジョン作りが、問われます。今まで以上のスピードをもった決心と行動が求められます。

（2）経済成長の方向
　人口問題から長期的に国力の減衰が考えられるとしたら、日本経済の成長をどのように考えたらよいのでしょうか。
　ＧＤＰ（国内総生産）は、経済活動の結果出てきます。このアウトプットを生み出すためには、資本と労働と技術のインプットがいります。潜在的な成長力を図るためには、社会が、資本・労働・技術を増やしていける能力をどれくらい

第5章　物流経営に対する考え方

持っているかを、積み上げていくことによってできます。
　このように経済成長力の推計を行い、不良債権問題を解決し、競争的な社会システムを作ることができたという前提で考えますと、日本の経済専門家の間では、幅広いコンセンサスがあります。それは、「日本経済は2％強の経済成長があれば」ということです。
　2％実質所得が上がるということは、物的な生活水準を2％ずつ上げていけるということになります。この経済成長率は、社会に一体何をもたらすのでしょうか。毎年、1．02倍ずつ複利で上昇していく、即ち、1．02の35乗は、ちょうど2です。これは、35年後に生活水準が2倍になることを意味します。親から子供に行く間に、生活水準が2倍にできる経済だということです。
　90年代に入ってからの平均的な成長率は、0．8％です。0．8％の成長をずっと続けたらどうなるでしょうか。生活水準を2倍にするのに、100年かかります。
　我々は、今、重要な選択の岐路にいます。親から子供にいく1世代の間に、生活水準を2倍にできる道を選ぶのか、3代かかっても生活水準が2倍にならない停滞した社会を選ぶのでしょうか。
　我々は、前者を選択するべきではないでしょうか。ポテンシャルを発揮して、本当に豊かな国を実現しようという、もっと貪欲さがあってもよいのではないでしょうか。
　1989年以降冷戦の崩壊とともに、世界の55億人に広がったマーケット人口の中で、日本経済が自由主義経済の競争に勝っていけるようにする必要があります。国内では、規制緩和（デギュレーション）の促進であり、内外に対して、開かれた社会として、グローバル化が必須になります。
　企業経営も同じです。総人口の減少や労働人口の減少と、消費者人口の減少という長期的なトレンドの中で、どのように成長を図っていくのか。国際市場という視点から日本市場を視て、経営を行うことにあると考えています。

## 2）経済情勢

### （1）社員減少率と顧客水準
　水口健次氏（戦略デザイン研究所代表）は、1999年の社会経済情勢を次のように述べています。
　モノスゴイ首切りが続いている。今年（1999年）に入ってからの大きな事例だ

けを整理してみると、表5-1のようになる。

<表5-1. 社員削減数　トップ10>

| 企業名 | 削減数 | 企業名 | 削減数 |
|---|---|---|---|
| 日産自動車 | 21,000人 | 三菱自動車 | 10,000人 |
| NTT | 20,000人 | 住友・さくら | 9,300人 |
| ソニー | 17,000人 | 日興・第一・富士 | 6,000人 |
| NEC | 15,000人 | 三洋電気 | 5,000人 |
| 三菱電機 | 14,500人 | 三菱重工業 | 5,000人 |

『週刊宝石』が、一部上場企業のリストラ人数を、現存社員数に対する減少率として、表5-2のように整理している。何とも恐ろしい話である。

<表5-2. 社員の減少率　トップ5>

| 企業名 | 業種 | 社員数 | リストラ数 | 減少率 |
|---|---|---|---|---|
| 兼松 | 卸売業 | 1,938人 | 1,278人 | △66% |
| ジャパンエナジー | 石油 | 4,005人 | 2,500人 | △62% |
| コスモ石油 | 石油 | 2,677人 | 1,200人 | △45% |
| 新日本証券・和光証券 | 証券 | 6,831人 | 3,000人 | △44% |
| 佐藤工業 | 建設 | 4,228人 | 1,800人 | △43% |

　誰が、責任をとるのか。一部上場企業とは、一体何だったのか。怒りが込み上げてくる。怒っても始まらない。しっかり考えなければならない。結局、私は、次のように捉えることにした。
①一部上場企業は、製造業・流通業・金融業のいずれであれ、日本の社会経済のリーダーだ。
②そのリーダーの企業が、かくも無惨に存続できなくなっている。
③企業の存続と繁栄の源泉は、顧客が握っているのだから、これらの企業は、「役に立たない」「無くてもイイ」と言われたわけである。
④だから、我々は、もう一度、素直に、ダイレクトに、顧客に戻らなければならない。「素直に」「ダイレクトに」ということは、リアリティーのある顧客願望の理解ということである。スローガンとしての顧客第一主義ではない。

第5章　物流経営に対する考え方

（2）日本の生き方
　日本経済の黒字を将来に伝える方法は、三つあります。
　一つは、**モノの形**で伝えます。つまり、公共投資を行います。例えば、飛行場をつくる、リニア新幹線をつくる、高速道路をつくる、あるいは情報通信ハイウェイをつくるということで、将来の日本の産業の物的生産性を高めることです。これによって、将来の豊かさを生むやり方です。
　二つ目は、日本よりも**成長率の高そうな国に投資**を行います。端的に言えば、日本中が将来年金生活者になって、そこからのリターンで豊かな生活をしようということです。
　三つ目は、**人に投資**をすることです。あるいは知恵に投資をするやり方です。日本はおそらく人的資源が唯一の産業ですから、この人材をいかに高度化していくかです。教育、研究開発、技能訓練といったやり方で、人間の中に滞貨されるようなストックに投資をしていくのです。それによって、将来の日本社会の付加価値生産性を高めます。付加価値生産性の向上から豊かさを得るという考えです。
　日本の中で、人材が最大の資源だとすれば、日本人は最後まで「仕事人間」でいてほしい。この仕事人間は、会社人間である必要はありません。自分のやっている仕事、やりたい仕事に第一の帰属意識をもつような仕事人間であってほしいのです。
　会社人間と仕事人間の違いは、引退する時に、自分の職業生涯をどういうふうに、振り返るかによって違うだろうと思います。会社人間は、たぶん「自分は何々会社の社員だった」というふうに振り返るタイプといえるでしょう。つまり、"I was something‥"と。
　仕事人間は、たぶん「自分は何々をやった」"I did something."という形で自分の職業生涯を振り返るだろうと思います。

第１節　経営環境の認識

## 4．2001年

### 1）自動車業界の国際的再編

　今日の市場経済の中で、日本企業の実力は、欧米企業と比較すると、まだ背中が見えてこないのが、現状です。「全産業・世界年商順位表（1999年度）」（表5-3）を見ますと、トップ10の中に日本企業でランクインしているのは、商社2社とトヨタの3社です。

<表5-3. 全産業世界年商順位表>

| 順位 | 社名 | 国 | フォーマット | 売上高（兆円） |
|---|---|---|---|---|
| 1 | ＧＭ | 米 | 自動車 | 20.8 |
| 2 | Ｗａｌ－Ｍａｒｔ | 米 | ＤＳ | 18.3 |
| 3 | Ｅｘｘｏｎ　Ｍｏｂｉｌ | 米 | 石油 | 18.0 |
| 4 | Ｆｏｒｄ | 米 | 自動車 | 17.9 |
| 5 | Ｄａｉｍｌｅｒ　Ｃｈｒｙｓｌｅｒ | 独 | 自動車 | 16.6 |
| 6 | Ｒｏｙａｌ　Ｄｕｔｃｈ　Ｓｈｅｌｌ | 英 | 石油 | 16.5 |
| 7 | 三井物産 | 日 | 商社 | 13.2 |
| 8 | 三菱商事 | 日 | 商社 | 13.1 |
| 9 | トヨタ | 日 | 自動車 | 12.9 |
| 10 | ＧＥ | 米 | 電機 | 12.3 |

　日本の自動車メーカーは、11社あり、ほとんどの企業が、国際再編の合従連衡の中にあります。独立の道を歩むのは、トヨタ自動車と本田技研工業です。日産はルノー、三菱自動車はダイムラー・クライスラー、マツダはフォード、いすゞ自動車と富士重工業はゼネラルモーターズの傘下に入りました。
　この国際再編劇の理由は、何でしょうか。世界の自動車メーカーが深刻な設備過剰を抱えているからです。一説では、余剰設備は200万台に上るといわれています。日本のメーカーも、20年前の国内生産台数の水準に低迷しています。
　設備過剰時代に生き残る戦略は、コストダウンにあり、世界の自動車メーカーは、プラットホームの共通化など規模のメリットを生かして、損益分岐点を引き下げる努力をしています。それを可能にするのが、他メーカーとの連携や提携で

す。部品の共通化や標準化、購買システムの相互乗り入れに動いています。部品の購買や自動車販売におけるインターネットの活用にもコストダウンがみえます。

## 2）グロサリー流通のメガ・コンペティション

　流通や物流を取り巻く環境の中で、ＳＣＭ、ＥＣＲ、ＧＣＩ，３ＰＬ等々と3文字略語が、氾濫しています。次々に新しい概念が紹介されています。自動車業界の国際再編にみたように、グローバル規模での大競争（メガ・コンペティション）は、サプライチェーンの世界的な変化に密接に結びついています。競争が、ビジネスプロセスの構造変化を求めています。

　企業は、大競争の中で、戦略を先鋭にせざるを得ません。新しい市場や価値を作るのか、オペレーションコストを削減してくのか、いずれを求めていくのか、「**選択と集中**」が求められています。

　サプライチェーンを世界的に俯瞰してみますと、グロサリー流通のほとんどが、「メガ・メーカー」と「メガ・バイヤー」で構成されています。欧米の新パラダイムは、メガ・プレーヤーの手で、効率化が進められているといってもよいでしょう。

　典型的には、ＧＣＩ（global commerce initiative）です。ＧＣＩは、新しい商取引の仕組み（ビジネスプロセス）の創出です。コンセプトは、シンプル化によるコスト削減です。

　規模の効率を進めていく上で、考えられたのが、「カテゴリー・マネジメント」と「メニュープライシング」です。

　メニュープライシングは、価格制度の一つの形態です。価格を、主に物流コストとリンクさせ、発注形態に合わせて、価格メニューを取りそろえるものです。メニュープライシングの使い方によりますが、物流効率が最もいい買い手が、最も安い価格で商品を提供できます。一物一価ではなく、コストに応じて支払われるべきと考えられています。

第1節　経営環境の認識

<表5-4. 世界の小売業トップ10>

| 順位 | 社名 | 国 | フォーマット | 売上高（十億ドル） |
|---|---|---|---|---|
| 1 | ウォルマート | 米 | DS | 163.5 |
| 2 | カルフール | 仏 | HM | 52.9 |
| 3 | クローガー | 米 | SM | 45.4 |
| 4 | メトロ | 独 | Div | 44.2 |
| 5 | ホームデポ | 米 | HC | 38.4 |
| 6 | アルバートソンズ | 米 | SM | 37.5 |
| 7 | ITM | 仏 | SM | 36.8 |
| 8 | シアーズ | 米 | DP | 36.7 |
| 9 | Kマート | 米 | DS | 35.9 |
| 10 | ターゲット | 米 | DS | 33.7 |

注1. フォーマット／DS：ディスカウントストア、HM：ハイパーマーケット、SM：スーパーマーケット、Ｄｉｖ：3つ以上の業態を展開、HC：ホームセンター、DP：百貨店、
注2. 日本企業の小売業の順位：イトーヨーカ堂21位、ダイエー23位、ジャスコ25位
注3. データ出所：Chain Store Age 2000.12.1号

### 3）リスクマネジメント

　2000年も、日本企業は組織の至る所で、綻びが目立った年でした。雪印乳業と三菱自工の事件や、相次いで医療事故が発生しました。少し前を遡ると、東海村ＪＣＯ臨界事故、山陽新幹線コンクリート崩落事故などがありました。これらは氷山の一角ではないでしょうか。企業組織の機能不全症候です。
　仕事は、人がやるのだという、当たり前のことが忘れられているのではないでしょうか。過去の栄光にどっぷり浸かっていて、企業としての社会的な責任を忘れているのではないでしょうか。かつて、雪印乳業は、「畜産農家から生乳を集荷するシステムを、ここまで精緻に作り上げているのか」と驚嘆されたものです。

227

第5章　物流経営に対する考え方

## 5．2002年

### 1）経済の動き

　アメリカのGDP（国内総生産）は、世界のGDPの30％を占めています。2000年11月頃からアメリカ経済の減速が始まりました。日本、ヨーロッパ、東南アジアも経済が極端に悪化しました。　2001年9月11日に起きましたニューヨークの同時多発テロを契機にアメリカ経済は、更に悪化しています。

　日本経済の近年の動きを総括すると、
1980年代は、資産インフレによるバブル時代でした。
1990年代は、資産デフレの時代です。その結果、三つの過剰を抱えました。即ち、負債・設備・雇用の三つです。
1990年代後半は、GDPのうち60％を占める消費支出の動向にも見られますように、デフレスパイラルの状況にあります。家計支出は、2001年上半期に対前年比97％と、前年割れでした。チェーンストアの売上高も、4月から7月までで、対前年比で95％になっています。国内主要産業である大手電機各社の発表をみますと、各社計で8万人もの大リストラが計画されています。そごうに引き続き（2000年12月7日）、マイカルが、2001年9月14日に民事再生を申請しています。

　したがって、2000年代は、デフレが最大の敵になるでしょう。戦後経済の中でも、低い経済成長です。このような低成長の経営環境であり、価格ダウンと戦っている中で、平凡な商品やサービスを提供するだけの企業が生き残れるでしょうか。将来の勝ち組は、どういう企業なのかといえば、事業分野において、商品やサービスが世界水準であり、コストが最低であることと確信しています。

### 2）関連業界の動き

　ここ1～2年、外資系トイレタリーメーカーは、小売業との直接取引を目指した取引制度を導入しています。食品卸売業は、小売店の店頭までを視野に入れた一括物流システムの構築や、カテゴリー・マネジメントのノウハウを提供してきています。

　日雑卸売業には、再編の大きなうねりがきています。ダイカ（北海道）、伊藤伊（愛知）、サンビック（福岡）、徳倉（徳島）の統合が行われ、2002年4月には、ナショナル卸売業になり、年商規模で3200億円になります。

　イオンは、在庫型センターの運営を計画している旨を表明しました。

## 6．2003年

　我が国経済は、三つの問題を抱えています。財政赤字、不良債権、不況です。財政赤字は、先進国中最大の規模です。
　これらが、なぜ起きたのでしょうか。1990年代の大停滞の要因については、バブル崩壊説、構造問題説、政策の誤り説、銀行不良債権説などが言われています。

一つは、産業の二重構造問題です。国際的な競争力がある生産性が高い産業と、規制や補助金等で守られた生産性が低い産業があります。
前者は、雇用の10％を支えている輸出関連製造業です。
後者は、雇用の90％を占める国内製造業やサービス業等です。不良債権は、貸し手である銀行の問題というより、むしろ借り手の問題が本質です。日本の不良債権の大部分は、不動産、建設、流通、サービス業の四つの業界で発生しています。まさに、低生産性産業の典型です。
　産業の再編・再生論が議論されるべきでしょう。

　二つ目は、政治のおける政府と自民党の二重構造問題です。
族議員が、自民党を跋扈し、生産性の低い産業と政治的に結びついています。官僚は、それら産業を規制で護っています。『田中真紀子の研究』立花隆著に、その事情が、良く描かれています。

　三つ目が、既存の財・サービスの需要飽和説です。
　四つ目が、デフレ説です。
　デフレは、低成長による需給ギャップの拡大が原因です。低成長が、デフレをもたらし、デフレがゆえに総需要が抑制され、低成長が続く悪循環です。デフレは、債務返済を優先させ、投資を抑制します。投資を抑制しているのは、資産デフレであり、一般物価の下落です。資産価値下落により、企業の保有資産の時価総額は、減少が続きます。一方、負債は名目値で固定されています。そのために、資産デフレによって保有資産の減少が続けば、債務超過のリスクがあります。
　したがって、企業は投資よりも、債務返済を優先させます。一般物価の下落は、企業においては、売上や利益が減少しますので、低金利でも借金を返すのが、難しくなり、不良債権が増加します。

## 第5章　物流経営に対する考え方

　さて、企業経営を考える時に、デフレ問題に目を奪われていては、技術変化によって引き起こされた市場変化を見落としがちになります。例えば、80年代にコンピュータの巨人企業ＩＢＭにおいて、同社の基幹事業であった大型コンピュータの需要が、パソコンの出現によって忽然と縮小してしまいました。今から見れば、ＩＴ革命の第一段階でした。同じことが、現在、通信の分野に生じています。一例をいえば、1台数億円する交換機から、1台数十万円のルーターに置き換わっています。

　こうした技術革新の問題には、リアルな対応が必要です。

　デフレだからといって、インフレターゲット論だけでは、効果を期待できないのです。不良債権の解消が先か、不況回復が先かの二律背反的な議論がされています。日本が直面している問題は、金融緩和や為替レートの調整だけでできるものではないでしょう。

　必要なことは、経済成長を回復することです。

　資本主義経済は、不断の**革新**（イノベーション）がなければ衰退します。革新こそが、資本主義の本質です。革新は、旧きを破壊し、新しきを創造する行為です。これを断行できる企業こそが生き残るのです。企業の競争力の向上を図れるのです。

　企業の競争力の源泉は、技術力です。研究開発や技術開発なくして、競争優位は確立できません。新しい経済環境の下で、収益性のある事業を創り出すことです。顧客にとって、なくてはならない企業であり続けることです。従業員にとって、働きがいのある企業にすることです。

## 7．2004年

　経営は、結果が勝負です。いかに理論が良いと思われても、結果がでなければ、その理論はどこかがおかしいことになります。いい理論であれば、良い成果が出るはずです。経営の基本は、企業の使命や理念をいかに実現するかにあります。世の中は常に移り変わります。変化の中には、自社だけではどうにもならない性格のものもありますが、いかに巧みに舵を取っていくかが問われます。

　経営は、荒波の中で、船を繰るようなものです。もし、高波にやられて転覆しても、文句を言う相手はいません。経営者は、あらゆる状況の中で、波の動きを正確に理解して、事前に手を打っていくのが仕事です。

　順風満帆が続きますと、それが明日も続くと思って、つい油断します。この時にも、明日の危機の種が生まれてきています。一番危ないのは、このような時です。倒産の話を聞きますと、多くの例が、うまくいっている時に、リスクが芽生えていることに気づかないことです。油断大敵なのです。

　企業は、明日の技術開発と市場開拓に努力し、資金を投じています。明日への投資は、日本全体で年間16兆円ですから、ＧＤＰの3.2％にあたります。比率では、世界で最高水準です。

　日本の技術開発のための努力は、特許取得件数では、世界一です。アメリカでの特許成立件数のトップ10社のうち、7社を日本企業が占めています。技術輸出は、年間1兆円を超えましたし、技術輸出の最大相手国は、アメリカです。

　日本企業の地道な努力が、明日の日本を支えることになるでしょう。

第5章　物流経営に対する考え方

## 第2節　組織への思い

### 1．時代に生きる心構え

#### 1）小さな実践の一歩から

①流されない生き方

　今の時代、経済情勢が大変だと言います。しかし、心が追いつめられているだけではないでしょうか。絶えず、今、与えられている条件より、上のものを求めています。その差を不況という形で感じているのでしょう。

　かつては、人は望むものを手に入れるために、相当な努力や年月を積み重ねてきました。その中で、**秩序**や**自制心**などを養ってきました。世の中が便利になると、少ない努力で済むようになりました。それ自体は悪いことではないのですが、今まで養ってきた秩序や自制心などが失われていったのではないでしょうか。

　もともと、人生も仕事も、自分に都合のいいことばかりではありません。都合の悪いことが結構多いでしょう。不都合なことを都合のいいように変えよう、マイナス思考をプラスに変えようとした時に、人は努力し、工夫をします。

　思い通りにならないことを、1つでも2つでも思い通りに変えていこうとした時に、人は成長します。今は、誰もが工夫し、努力して物事を良くすることができる時代です。

　人生には、次から次へといろいろなことが起きて、心が動揺することがあります。そのような時に、頭に思い描く二つの言葉があります。

　一つは、「**水急にして、月流さず**」です。激しい急流に月の影が映っています。川の流れがどんなに急でも、月は流れることなく、そこに映っています。つまり、自分を取り巻く環境が激変しても、自分の信念さえしっかりしていれば、周囲の環境に流されることはないという意味です。

　もう一つは、「**山高くして、月上がることなし**」です。高い山の麓にいますと、月が出てくるのも遅くなります。山が高い為に、なかなか見えないからです。志も同じく、志が高いと、自分の願いはなかなかかなえられません。とかく山を低くしたくなります。これでは駄目で、自ら高い山、大きな**志**に挑むということが大切です。

第5章　物流経営に対する考え方

　志とはどういうものでしょうか。自分自身の為であり、社会の為になるものです。自分の為だけのものは欲望といいます。
　(参考：鍵山秀三郎著『小さな実践の一歩から』致知出版)

②割れた窓ガラス理論
　小さなことを継続していくと、とてつもない大きな力になります。それを実証したのが、ニューヨーク市です。1980年代のニューヨークは、アメリカで最も危険な都市と言われていました。地下鉄は、いつ犯罪に巻き込まれるかわからない危険な乗り物でした。
　犯罪心理学者が唱えた「割れた窓ガラス理論」があります。それは、建物のガラスが割れた時に、ほっておくと、次々に窓ガラスが割れていくということです。しかも割れるのは、窓ガラスが割れた建物だけでなく、向かいや隣の建物、そして町全体に及ぶものです。だから、1枚のガラスが割れた時に、すぐに修復することが大事である、という考え方です。
　地下鉄を健全にしようと決意した人物が、地下鉄公団のデビット・ガン総裁です。総裁は、この理論を唱えた学者を顧問に招き、地下鉄の落書きを徹底的に消していきました。そして、無賃乗車などの小さな犯罪も徹底して取り締まりました。すると、犯罪が減り始め、銃犯罪は3分の1までに減りました。ニューヨーク市そのものが、健全で安全な都市に変わっていきました。
　人は、大きいことをやらないと効果がないと考えがちです。小さいことを継続してやり続けることの方が、継続しやすいものです。ニューヨーク市は、小さなことの積み重ねが、やがて、とてつもない力になった例です。
　昔は、「こういうことをしてはいけない」ということをよく言われました。例えば、畳の縁を踏んではいけない、敷いた布団の上を歩いてはいけない、下にあるものを踏んではいけない等々です。畳の縁を踏まないことは、経済的に何の価値にもなりません。しかし、たったそれだけのことでも、守り通すという姿勢は、人生にプラスになります。そういう基準がないと、境遇が落ちるに従って、すべて落ちてしまいます。履物を揃える、掃除するということを含めて、些細なことを守り通すことが、人生では大事です。

## 2）『生きがいのマネジメント』を読んで

### ①価値観次第で人生が変わる

　『生きがいのマネジメント』を書かれた飯田氏は、「生きがい」を探求する中で、ある確信を持ったと語っています。それは、「**価値のない人などは存在しない。すべての人は、それぞれの貴重な価値を持って生きている**」ということです。

　同様に、心理療法の研究・実践者であるクラーク・ムスターカス博士は、次のように断言しています。「人間存在にとって、基本的なものはなにか。それは、**一人ひとりが、価値を持った人間である**。一人ひとりの神髄は善であり、内に自尊の感情を秘めている」と語っています。

　この価値観の基本原理は、「あらゆるものは、価値を持っているが、その価値に気づかない限り、それは本来の価値を発揮しない。ただ、気付きさえすれば、良いのだ」ということが、原則になっています。

　あらゆるものに対する価値観、また自分という存在の価値観に気づくと、毎日が生きがいに満ちたものになるのではないか、同じように、自分以外の人々の価値も発見したり、想像できるようになれば、嫌ったり、憎んだりせずに済むのではないかと飯田氏は語っています。

### ②生きがいを持って生きる

　人間の価値観を決める一つの要因となっている「人間の本質」について、『生きがいのマネジメント』は、グレッグ・アンダーソンの『生きがいを持って生きる』の一文を紹介しています。

　「人はかけがえのない存在になるべく、生まれている。人生に使命があるということは、世界があなたを必要としている。事実、世界は次から次へと、あなたに信じられないような体験を課し、きたるべき必要に備えて、あなたを鍛えている。自分の潜在能力を知り、それを発揮することができれば、人生の最高レベルにある経験することができる。**自分には使命がある**」と、まず信じることだ。そう信じることで、自分自身の存在をかけがえのないものにすることができる」

　アンダーソンは、アメリカで健康問題の権威として知られる作家です。かつて彼自ら重いガンに冒されて、奇跡的に克服した経験をもとに、1万1千人ものガン患者から、回復に関する体験談を調査しました。その結果、人生における重要な使命を理解して生き抜くことと、回復との間に関係があることを確信していま

す。彼は、生きがいを持って生きるための法則として、次の公式を導きだしました。

**理想＋奉仕×情熱＝使命**
(Vision＋Service×Passion＝Mission)

この公式に基づいて、マネジメントの視点を交えながら、飯田氏は、理想について次のように説明しています。

**理想**(Vision)
一人ひとりが、こんなふうに生きたいという理想を描くことが、生きがいのある人生を送る出発点です。理想を持つことは、自分を意義ある存在だとみなすようになります。存在しているだけの存在から、存在理由を持つ存在へと生まれ変わることができます。理想は、一生懸命取り組んで、もっと先に進もうという意欲や自発性という形から現れてきます。働くことに関しても、実に生き生きと働くことができるようになります。

自分のすべての能力や価値を発揮したいという自己実現の欲求を持ち、理想像を抱いて働く人と、そうではなく漫然と働く人との間には、大きな違いが出てきます。生きることの意味を追求したヴィクター・フランクル博士（心理学者）は、次のように強調しています。

私達が、生きる意味があるかと問うのは、始めから間違っています。私達は、生きる意味を問うてはならないのです。人生こそが、私達に問いを提起しているからです。私達は、問われている存在なのです。私達が、生きているのは、人生から問われていることにほかなりません。自分が人生に対して、何を期待することができるのかと考えるのではなく、**人生は自分に対してどのような人物になることを期待しているのかと**、自問することこそが、正しいのです。我々は、このような発想を念頭に置きながら、自分なりの理想を見つけていくことが重要です。

第2節　組織への思い

## 2．人は問題に気づいても、なぜ行動しないのか

### 1）あなたは、みんなと違った意見を言えますか

　アメリカの心理学者ソロモン・E・アッシュが行った「同調行動」の実験では、5人のサクラが「偽りの回答」をするように指示されている時に、被験者がどのような答えを出すのかを見ています。実験結果は、「約3分の1の答えが集団の圧力を受けた」という結果がでています。
　別の心理学者が、「男女共学の是非」などの意見が分かれるテーマで実験を試みると、約70％の人が、他人の意見に同調していることがわかりました。
　この事実を、ビジネス社会で生かすにはどうしたらいいのでしょうか。
　まず、力を持つには、**結束する**ことが大事です。結束すれば、普通の人たちでも強力な力になり、他を圧倒できることがわかります。
　この時のキーワードは、「**皆**」です。皆がそう感じています。
　皆がそう言っています。この「皆」という言葉が圧力になります。
　組織の中で生きていくビジネスマンの本当の知恵は、「自分の意見は」と言いながらも、最終的には「皆」を作り上げることです。

### 2）組織のためという大義名分は、人を残酷にします

　アメリカの社会心理学者スタンレー・ミルグラムは、生徒役の人が痛いからやめてくれと叫んでいるのも関わらず、先生役の被験者は実験者の指示に従って、一体どこまでショックを送り続けられるかを研究しています。
　実験前の質問では、すべての人が人を危険に陥れるような実験は中止すべきと答えていました。実験結果は、先生役の人たちは、実験者から「続けてください」と指示されると、予想を超えたボルトまで電気ショックを送り続けました。
　ミルグラムのこの実験は、人間が権威に如何に弱いか、上からの指示や命令、社会的な圧力に屈するかを如実に示しています。組織や集団に入ると、人は、個人としての良識があっても、それが行動基準とはなりにくいものなのです。上からの命令に対しては、上司の代理人としての行動をするようになります。

### 3）人は、なぜ、足を引っ張り合うのでしょうか

　2人の犯人が、互いに黙秘を通せば、軽い刑で済みますが、自分が黙っていても、相棒が自白した場合は、自分が重い刑になります。このような状態を「囚人のジレンマ」といい、ゲーム理論でよく話題になります。

犯人は、どのような行動に出るかと言えば、自白することが多いそうです。2人は別室にいますので、相談できません。自白すれば、自分の罪は確実に軽くなるからです。これこそ「足の引っ張り合い」に他なりません。

ゲームには、ゼロ和ゲームと非ゼロ和ゲームがあります。ゼロ和ゲームは、ゲームをする人のプラス・マイナスが正反対になるゲームです。スポーツが代表例です。非ゼロ和ゲームは、必ず一方が勝ち、一方が負けるとは限りません。両方が勝ったり負けたりもするゲームです。

会社での仕事や人間関係を考えた場合、非ゼロ和ゲームになります。社内で対立するライバル同士の関係でも、非ゼロ和ゲームです。2人が協力すれば、素晴らしい仕事ができますが、対立していがみ合っていることがあります。どうすれば、足の引っ張り合いを防ぐことができるのでしょうか。

ポイントは、**コミュニケーション**による**信頼関係の確立**にあります。先の囚人のジレンマでも、2人が相談できると、互いに黙秘するようになります。

コミュニケーションができますと、人は全体的な視野に立つように努力します。
(参考：齊藤勇著『人はなぜ、足を引っ張り合うのか』プレジデント社)

## 4）人は、気付いても、なぜ行動しないのでしょうか

ニューヨーク郊外で女性の殺人事件が起きました。女性が深夜帰宅し、マンションの駐車場に車を止めて降りた時に、通り魔によってナイフで刺されました。彼女は大声で「助けて！殺される！」と叫びました。その叫び声は響き亘り、マンションの各室の明かりが灯り、多くの人が気付きました。しかし、誰も助けに行ったり、警察に通報したりはしませんでした。

この事件は、大都会の人間の冷たさを象徴する事件として、マスコミに取り上げられました。

社会心理学者のビブ・ラタネと、ジョン・ダーリーは、次のような考えを発表しました。「都会の人間が冷たいのではありません。田舎でも同じことが起きます。多くの人が非常事態に気づき、多くの人が互いに気づいていたことを知っていたので、誰も助けなかったのです。」

これは、「責任分散の心理」「責任回避の心理」が大きく影響しています。

もし、**あなたが一人で**山道を歩いている時に、死にそうになっている人に出くわしたとしたら、あなたは手を貸すはずです。なぜなら、そこには「あなた一人」しかいないからです。責任のすべてが、自分一人に集まっていますと、よほどの人でない限り、行動をとります。

## 3．仏陀に学ぶ問題解決

　何が問題なのかを正しく設定できれば、たとえ問題を解決できなくても、解決に向けて一歩を踏み出すことができます。問題を正しく設定できるか否か、解くべき問題は何なのか、が結構難しいことです。
　堺ＬＣでは、バラ１本毎に個体を自動的に制御することができるかどうかでした。

　**無常**という言葉の通り、世の中は、常に変化します。それに影響されずに存在することはできません。変化していることを認識するのは、己の心です。ものごとは、心に基づき、心によって、創りだされます。心の在り方によって、万事が変わっていきます。
　己の心のあり様を問い、世の中のあり様を問うてみることです。世の中全体がどうなっているのか、全体としてどのような構造になっているのか、問うてみることです。
　問題解決に至る道筋について、仏陀がどのように考えたかをまとめてみます。
　仏陀が、到達した悟りは、四つのプログラムから成り立っています。四つとは、「苦・集・滅・道」、「中道」、「五蘊無我」、「十二縁起」です。
　その中で、「苦・集・滅・道」（別名：四諦）は、悟りの根幹をなすプログラムです。問題解決の原点ともいえるものです。
　苦（問題点）→集（その原因）→滅（目標設定）→道（実践）という理論構成です。

① 苦（問題点）
　仏陀は、「人間は、なぜ、老いさらばえ、病気になり、死んでいくのであろう。この世の中に、何で生まれてきたのだろう」という問題意識を持ちました。生・老・病・死という「**四つの苦**」からの解放を考えました。四つの苦の他に、人間を取り巻く苦しみが、愛別離苦（愛する人と別れなければならない苦しみ）怨憎会苦（憎い人と会わなければならない苦しみ）所求不得苦（欲しいものが得られない苦しみ）

五取蘊苦（自己に執着する苦しみ）

の四つの「苦」があります。合わせて「**四苦八苦**」です。

　この苦を原因とみるのか、結果と見るのか、が肝心です。この見方によって、その先の思考が大きく異なります。

　苦が、人間を取り巻く苦しみの原因とみれば、これは動かしがたいものになります。それぞれの苦に対して、具体的な対策を立てなければなりません。老に対しては老の対策を、病に対しては病の対策をというようになります。

　仏陀は、苦は、表面に現れる結果あるいは現象に過ぎないのではないだろうかと考えました。「四苦八苦」が、結果であると考えますと、原因がなくてはなりません。仏陀は、「結果－原因、結果－原因、結果－原因・・・」というように、**連鎖関係的手法**で究明しています。

② 集（原因）

　仏陀は、「苦」の原因（集）を「**無明（渇愛）**」と名付けました。無明には、
　　感覚的な欲望（欲愛）、
　　生存の永続を願う欲望（有愛）、
　　生存の断絶を望む欲望（無有愛）の三つがあります。
　この三つの無明があるために、人間は、苦に直面しなければならなくなります。人間の内面的な問題、心の問題です。

③ 滅（目標設定）

　問題を解決する場合、一般的には原因がわかると、すぐ解決手段を考えていくのが常です。しかし、仏陀は、そう考えなくて、苦（問題点）の集（原因）がわかると、問題が解決された後の姿、即ち、苦から解放された姿を説いています。

　集（原因）の**無明**が消え、結果の苦が消えた後の姿、苦しみから解放され、**心が自由になった世界**を描いています。それを**涅槃**と名付けています。

　涅槃は、愛情や努力などが無明に色づけられないで活動する**心の自由なる状態**に達することです。

　このように「滅」とは、問題解決後の世界を明らかにすることです。

## ④ 道（実践）

問題点（苦）から原因（集）を究明し、原因がなくなった後の世界、目標設定（滅）が描けたら、そこに至る解決手段（道）を考えなくてはなりません。仏陀は、涅槃に至るために、**八道**を唱えています。

八道とは、正見、正思、正語、正業、正命、正精進、正念、正定からなっています。

**正見**は、正しい見方であり、物事をありのままに直視しようということです。先入観や固定観念をなくしてみることが大切です。自己と世界のありのままの関係が掴めるということです。正見によって、原因と結果の道理を知ることができます。自己がおかれている現状を認識し、足場を固めるための基礎をなすものです。

**正思**から**正念**までは、日常の行動基準を示したものです。

正しい見方をすれば、おのずと正しい考え方（**正思**）が生まれます。

正しい考え方は、正しい言葉（**正語**）を使い、

正しい行動（**正業**）を伴い、

それらの行動によって、正しい生活（**正命**）が送れます。

これらの基礎の上に、正しい努力（**正精進**）を積み重ねていくと、目標を達成することができ、努力が実を結ぶのです。このような実践を繰り返して行うことによって、日常の生活が道理にかなったものになります。

これを繰り返すことによって正しい注意力、正しい記憶（**正念**）が確立します。

こうした実践を重ねていると、心が自然に落ち着いてきて、心が広くなり、世の中を見通すことができるようになります。ここにおいて正しい瞑想（**正定**）が、実を結びます。

「苦・集・滅・道」は、仏陀が考えた問題解決のシステムです。この問題解決の仕方には、次の特長があります。

一つは、ものごとを原因とみるか、結果と見るかという出発点にあります。仏陀が、結論付けたように、**結果とみて、その原因を手繰る手法**です。今日的にいうと、「**なぜ**」を繰り返していくことです。

次に、原因がわかっても、すぐに解決手段を考えずに、解決した後の姿、即ち、**目標設定**を行い、目標を実現するために、**実践**を行っている点です。

第 5 章　物流経営に対する考え方

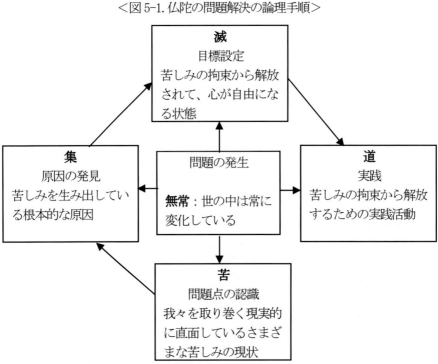

＜図 5-1. 仏陀の問題解決の論理手順＞

(参考：『経営に生きる仏教システム－ビジネス活性化の原点』松村寧雄著　ソーテック社　昭和 55 年 7 月刊)

　仏陀の問題解決を見てきましたが、今日の経営における問題解決には、さまざまな手法があります。仏陀が教える、結果とみてその原因を手繰る手法と同じである「**なぜ**」を繰り返すことをはじめとして、問題解決のプロセルと、フレームワークを一覧しておきます (表 5-5)。詳しくは、拙著『経営実務で考えたマネジメントとリーダーシップの基本』を参照ください。

第2節　組織への思い

<表5-5. 問題解決プロセスとフレームワーク>

| 問題解決プロセス | 問題解決フレームワークの例 |
|---|---|
| 1. 問題を把握する | ギャップ分析<br>ブレーンストーミング<br>マトリックス法<br>ミッシー<br>マインドマップ |
| 2. 原因を分析する | パレート図<br>特性要因図<br>WHYツリー<br>プロセスマップ<br>5W1H<br>3現主義<br>ムリ／ムダ／ムラ（3ム）<br>5S（整理、整頓、清掃、清潔、躾）<br>ハインリッヒの法則 |
| 3. 解決策を考える | QCD（quality, cost, delivery）<br>SMART<br>（stretch, measurable, achievable, realistic, time-related）<br>重要度／緊急度マトリクス<br>ECRS（eliminate, combine, rearrange, simplify）<br>KPT（keep, problem, try）<br>SCAMPER<br>　（代用、結合、応用、修正、転用、削減、逆転）<br>タイムマシン<br>期待／課題マトリクス<br>ロジックツリー<br>ペイオフマトリクス<br>目標のラダー化 |
| 4. 最善の策を選ぶ | デシジョンツリー<br>意思決定マトリクス<br>プロコン表<br>システムシンキング |

243

## 4．組織の知性を高める

　企業は、グローバル市場での競争力を得ようと、経営戦略やビジネスモデルの見直し、リストラクチャリングやコスト削減等を進めています。更に、事業がより高い収益性や生産性を続けるには、どうすればよいのでしょうか。
「組織の知性」を高めることではないでしょうか。
「組織の知性」とは、組織全員の知性を結集して、使命を達成する力のことです。個人の知能指数の合計が、組織の知性になるとは限りません。**アルフレヒトの法則**※は、「聡明な人々が集まると、得てして愚かな組織が出来上がる」といっています。一人ひとりの知性が優れていても、善意で行動しても、組織として愚かな結果を生み出すことがあります。
　多くの人々が、集まった結果、全体としては、愚かな行動をとってしまう原因には、2つがあります。
　一つは、組織のメンバーが、考えることを許されていない、あるいは、考えてはいけないと思い込んでいる時です。
　二つ目は、規則や制度に縛られるあまり、創造的に前向きに考えられなくなっている時です。
（※カール・アルフレヒト著『なぜ、賢い人が集まると愚かな組織ができるのか』ダイヤモンド社）

　物理学に、エントロピーという言葉があります。エントロピーは、無秩序によって、失われたエネルギーのことを意味します。その逆の状態が、**シントロピー**です。これは、人や制度などの資源をうまく組み合わせることで、増えたエネルギーを指します。何らかのきっかけでシントロピーが増えれば、組織の知性は高まります。シントロピーを増やすには、意識的に努力しなければなりません。
　例えば、バスケットボールの世界最強チームは、背の高い5人を集めたチームと、どこが違うのでしょうか。
　各人の並外れた才能や技術は欠かせませんが、それだけではありません。
　皆が、同じ目的・目標で結ばれて、知恵を働かせて、持てる力を一つにしている時です。このことは、すべての組織について言えることです。
　組織が、成功するか、失敗するかは、全員の知性を「一つの知性」に意識形成できるか否か、「人材の育成」にかかっています。

組織の知性は、7つの特徴からなっています。これらを最大限に引き出すことで、高めることができます。

① わかりやすい**ビジョン**
　企業には、何を成し遂げようとしているのか、という理念や使命が欠かせません。
　リーダーは、自分たちの存在理由を問いかけて、答えを導き出し、成功とは何かをわかりやすく示すことが求められます。

② 全員を結ぶ**一体感**
　事業関係者のすべてが、同じ目的意識で結ばれ、自分が果たすべき役割を心得ていれば、ビジョンを達成できます。
　「全員が同じボートに乗っている」という意識があれば、強い一体感が育まれます。

③ 仕事への**情熱**
　仕事への情熱とは、並み以上の努力を傾けようとする姿勢をいいます。
　組織心理学では、**自発性努力**とも呼ばれます。これが足りないと、仕事を受け身でこなすだけになってしまいます。
　情熱あふれる組織では、皆が会社の成功を自分たちの成功と見なし、それを願っています。
　リーダーは、メンバーからの自発的な努力を引き出すことに成功しています。

④ 結果を出すという**心構え**
　知性の高い組織では、一人ひとりがどのような結果を出すべきかを心得、それが正しい道だと信じています。
　結果を出そうという意識を広め、高めることは、リーダーの力によって、ある程度可能ですが、それだけでは足りません。全員が、そのことの重要性を理解し、仲間たちにも結果をだすという心構えを期待してこそ、大きな力が生まれます。

## ⑤ 変わろうとする**意志**

　仕事の進め方や、ものの考え方などが、型にはまっているために、変化に対応しようとすると、従業員が不安感や不快感を覚える組織があります。

　反対に、変化をチャンスとして捉えられる組織もあります。このような組織ですと、ビジネスモデルを変える必要が生まれますと、従業員がそれをやりがいのある、新しい成功法則を学ぶ機会と捉えます。

　ビジョンを実現するには、変革が求められます。従って、人々の間に**変わろう**とする強い意志が不可欠です。

## ⑥ 足並みの揃った**組織**

　組織には、ルールが不可欠です。

　使命の達成に向けて、団結し、仕事や責任を分け合い、互いの関係や対外関係についても、決まりを定める必要があります。

　もし、組織の業務プロセスやルールなどによって、使命の達成が妨げられているのなら、根本的な治療が必要です。

　知性の高い組織では、あらゆる制度が同じ方向を向き、使命の達成を後押しします。

　リーダーは、組織面の障害を可能な限り取り除き、一人ひとりの熱意が共通の目的に向かうように導きます。

## ⑦ 知識を広める**仕組み**

　今日では、知識、情報、データなどを、いかに有効に使いこなせるかが、企業の明暗を大きく分けます。複雑な事業環境を生き抜くには、知識から知恵を生み出し、取りまとめ、共有し、応用する力が重要です。

　「組織の知性」は、拙著『経営実務で考えたマネジメントとリーダーシップの基本』に書きました「マネジメント・ストラクチャー」の一部を形成しています。「意識形成」は①から④、「情報による自己発見」は⑤、「仕組み作り」は⑥と⑦が、相当しています（図5-2）。

第2節　組織への思い

<図5-2. マネジメント・ストラクチャー>

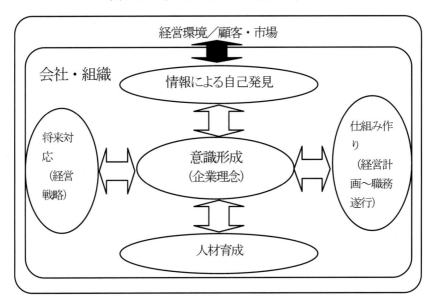

完

第5章　物流経営に対する考え方

## 参考文献

　参考にした文献は、本文中に都度記載しております。共通して使用しました辞典等を記載しておきます。

1．岡田清監修『物流辞典』　内航ジャーナル　平成9年
2．鹿島建設「ロジスティクス用語集」　2004年
3．(社)日本ロジスティクスシステム協会監修『基本ロジスティクス用語辞典』
　　白桃書房　1997年
4．「略語一覧」『LOGISTICS SYSTEM』　2005年1月号
5．日本ナレッジインダストリ(株)編『最新コンピュータ辞典』西東社1997年

## 著者プロフィール

## 尾田 寛仁 （おだ ひろひと）

1948年 山口県に生まれる
1971年 九州大学法学部卒業
1978年 九州大学経済学部会計学研究生修了
1971年～1976年 日本ＮＣＲ株式会社で、プログラム開発、客先システム設計及び、営業エンジニアに従事する。
1978年～2006年 花王株式会社で、販売を18年間、物流を9年間、及び経営監査を1年半担当する。販売では、販売職、販売教育マネジャー、販売TCR担当部長、東北地区統括兼、東北花王販売株式会社社長を経る。
その後、ロジスティクス部門開発グループ部長として、設備やシステム開発に従事する。並びに、花王システム物流を1996年に設立し、副社長・社長に就任する。
経営監査室長として、花王の内部統制の構築を行う。公認内部監査人(CIA)の資格を取得する。公務では、金融庁企業会計審議会内部統制部会作業部会の委員に就任する(2005年9月～2006年9月)。
2006年～2014年 中央物産株式会社で、専務取締役として、物流本部長、管理本部長及び営業本部長を順次所管する。
2015年1月 物流システムマネジメント研究所を設立し、所長となる。同年7月、日本卸売学会理事に就任する。

### 著書

『製配販サプライチェーンにおける物流革新　企画・設計・開発のエンジニアリングと運営ノウハウ』三恵社 2015年2月
『経営実務で考えたマネジメントとリーダーシップ』三恵社 2015年4月

Eメール：hirohitooda@yahoo.co.jp
携帯電話：090-5396-2955

---

## 物流エンジニアリングの温故知新

| | |
|---|---|
| 2015年12月23日　初版発行 | |
| 著　者 | 尾田　寛仁 |
| 発行所 | 株式会社　三恵社 |
| | 〒462-0056 愛知県名古屋市北区中丸町2-24-1 |
| | TEL 052(915)5211 |
| | FAX 052(915)5019 |
| | URL http://www.sankeisha.com |

乱丁・落丁の場合はお取替えいたします。　　　　　　　　　©2015 Hirohito Oda
ISBN978-4-86487-451-9 C2034 ¥2400E